mazahua
de san pedro el alto, temascalcingo, estado de méxico

ARCHIVO DE LENGUAS INDÍGENAS
DE MÉXICO

Mazahua de San Pedro el Alto, Temascalcingo, Estado de México

Celestino Cárdenas Martínez
Yolanda Lastra

EL COLEGIO DE MÉXICO

497.6
C2666m

Cárdenas Martínez, Celestino.
Mazahua de San Pedro el Alto, Temascalcingo, Estado de México / Celestino Cárdenas Martínez, Yolanda Lastra. -- 1a ed. -- México, D. F. : El Colegio de México, 2011.
170 p. ; 26 cm. -- (Archivo de lenguas indígenas de México).

ISBN 978-607-462-287-4
Incluye referencias bibliográficas.

1. Mazahua (Idioma) -- México -- San Pedro el Alto (Temascalcingo, Estado de México). 2. Mazahuas (Indios) -- Lenguas -- México -- San Pedro el Alto (Temascalcingo, Estado de México). I. Lastra de Suárez, Yolanda, coaut. II. t. III. Serie.

Coordinación del Archivo de Lenguas Indígenas de México: Yolanda Lastra

Primera edición, 2011

ISBN 978-607-462-287-4

Impreso en México

CONTENIDO

PRÓLOGO

El Archivo de Lenguas Indígenas de México es el resultado de una propuesta de documentación representativa de las lenguas de México que permite realizar comparaciones tanto históricas como tipológicas. Ésta fue la finalidad que le atribuyó el reconocido lingüista Jorge A. Suárez, hace más de medio siglo. El *Mazahua de San Pedro el Alto, Temascalcingo, Estado de México*, enriquece el acervo de esta colección y contribuye al conocimiento de una lengua que a la fecha ha sido poco atendida por los especialistas.

El idioma mazahua no suscitó el interés de los encargados de la cristianización a lo largo de la Colonia así como tampoco fue objeto de estudio privilegiado para los filólogos del siglo XIX. Apenas en las últimas siete décadas se han ido llenando paulatinamente los abismos sobre el conocimiento de este idioma que, de acuerdo al Censo Nacional de Población de 2005, cuenta todavía con 133000 hablantes pero presenta un porcentaje bajo —40.8%— de empleo en el seno familiar. El autor principal es un hablante nativo, el maestro Celestino Cárdenas Martínez quien, al lado de Yolanda Lastra, ha dado respuesta ordenada y sistemática a las cuatro secciones del Archivo y a la Guía que estableció Jorge A. Suárez.

La primera aproximación a ciertas particularidades de la lengua mazahua están contenidas en las *Advertencias* con las que da inicio la *Doctrina y enseñanza en la lengua mazahua...*[1] que fue escrita por el licenciado Diego de Nágera Yanguas, cura secular quien fue Beneficiado perpetuo en el poblado mazahua de Jocotitlán por cerca de cuarenta años. Salida de la imprenta de Juan Ruiz en 1637,[2] esta doctrina contiene veinte y una Advertencias sobre la lengua de los habitantes de Jocotitlán: las letras del alfabeto latino, que permiten transcribir su oralidad, las partículas del plural, las de posesión y las de tiempo, las de persona del verbo y otras. Entre ellas explica la existencia del dual, en la décima tercera advertencia:[3] "En esta lengua mazahua hay modo de hablar para hablar a dos personas solamente y entonces se llamará verbo dual". Señala además, en la décimo quinta advertencia, la presencia de un tiempo compuesto semejante al futuro participial latino terminado en *rus*. Éste se construye, de acuerdo con Nágera Yanguas, con las partículas *go go* antepuesta al verbo y *maha* pospuesta a él: *tigogonumaha* 'yo había de ver', *tigogoemaha* 'yo había de venir'. Esta construcción ocasiona la pérdida de la última vocal de la forma absoluta del verbo que, en este caso corresponde a *nuu* 'ver' y a *ehe* 'venir', donde además se pierde la aspirada.[4]

La finalidad de la *Doctrina* donde aparecen estas Advertencias era la de auxiliar a los sacerdotes para que pudiesen llevar a cabo la impartición de Sacramentos y otras obligaciones de su culto. Parte esencial de ellas era el Sacramento de la Confesión en la lengua indígena. De esta suerte, las informaciones gramaticales que podían ser útiles para llevarlo a cabo, ofrecían los ejemplos pertinentes. Así, la décimo primera advertencia[5] que enseñaba la forma absoluta del verbo decir ofrecía el ejemplo: *mamue ninezoqhi* 'díme tus pecados'. La décima octava advertencia[6] introducía la partícula *que*, la cual precedía al verbo en la interrogación y era muy productiva en el proceso de indagar sobre los pecados cometidos: *queguiminemaha qhuaroguiporte?* '¿has querido

[1] En el título y las citas de esta obra hago empleo de la ortografía moderna del español.

[2] *Cf.* Diego de Nágera Yanguas, *Doctrina y enseñanza en la lengua mazahua de cosas muy útiles y provechosas para los Ministros de Doctrina y para los naturales que hablan la lengua mazahua*, Biblioteca mexicana de Obras raras y curiosas, vol. 1, noviembre de 1952.

[3] *Doctrina*, folio 4 verso.

[4] *Ibid.*, folio 5 verso y anverso.

[5] *Ibid.*, folio 1 verso.

[6] *Ibid.*, folio 8 anverso.

matar a alguno?'. El empleo de la negación *hy,* era común en la respuesta del indígena *hyrimminemaha qhuarogopotte* 'no he querido matar a alguno' y de ella se informaba en la décima sexta advertencia.[7] Estas enseñanzas así como la de la interrogación *hançhanixi* '¿cuántas veces?', eran de uso muy frecuente en el interrogatorio confesional: *hançhanixi queguixhottanere nichuu en Dios* '¿cuántas veces has nombrado en vano el nombre de Dios?'[8] El confesionario ponía especial insistencia en que el pecador indicara con precisión el número de veces en que había faltado a las leyes de Dios lo cual explica en parte la amplia relación y composición de la numeración en lengua mazahua de la que se ocupan la décima sexta y la décima nona advertencias.[9]

No tengo noticia de otros impresos que, durante la época colonial, hagan referencia gramatical a esta lengua. En el siglo XVIII, se hicieron algunas menciones a propósito de sus hablantes subrayando siempre su dependencia o cercanía con una de las llamadas lenguas matrices: el otomí. Una de ellas proviene de la *Historia antigua de México* donde Francisco Javier Clavijero comentó:

> Los mazahuas fueron en algún tiempo parte de la nación de los otomíes, porque las lenguas de estas dos naciones no son más que diferentes dialectos de una sola; pero esta diferencia en unas naciones que son tan tenaces en mantener incorrupto su idioma es indicio cierto de la antigüedad de su separación.[10]

En los albores del siglo XIX apareció una corta referencia al mazahua en el *Catálogo de las lenguas de las naciones conocidas...* del Abate Lorenzo de Hervás quien, señalando los "países" que se encontraban al "norte del imperio mexicano" y al nordeste del "reino de Mechoacan", mencionó que "Los *mazahuis* hablan dialecto otomita".[11] La hermandad del linaje de ambas lenguas fue reiterada, en décadas posteriores

[7] *Ibid.*, folio 6 verso.

[8] *Ibid.*, folio 17 verso y anverso.

[9] *Ibid.*, folio 6 verso y folio 9 verso.

[10] Francisco Javier Clavijero [1780] 1964. *Historia Antigua de México*, México: Editorial Porrúa, Colección "Sepan Cuantos...", p. 87.

[11] Lorenzo de Hervás y Panduro [1800] 1979. *Catálogo de las lenguas de las naciones conocidas y numeración, división clases de éstas según la diversidad de sus idiomas y dialectos*, vol. I., Madrid: Ediciones Atlas, p. 309.

por fray Crisóstomo Náxera en su *Disertación sobre la lengua otomí* donde su búsqueda de parentescos entre los pueblos, sustentada en la comparación lingüística, descartó que esa tarea pudiera ofrecer resultados útiles si se llevaba a cabo entre el otomí y el mazahua por ser lenguas tan parecidas "que si no son madre e hija son hermanas".[12]

La atención más particular hacia la lengua mazahua fue la que ofreció Francisco Pimentel, en 1862, en los capítulos cincuenta y tres y cincuenta y cuatro de su *Cuadro descriptivo y comparativo de las lenguas indígenas de México.*[13] En el primero de ellos, se sustentó en las Advertencias de la *Doctrina* de Nágera Yanguas, pero a la luz de su propia experiencia filológica, organizó la información lingüística en diez puntos. Éstos dan inicio con la presentación del alfabeto seguida de un comentario sobre su pronunciación, explicación que Nágera Yanguas había colocado al final de sus Advertencias.[14] Los puntos tres y cuatro se ocuparon respectivamente de describir la combinación de las letras en la *Doctrina,* proponiendo el cuasi-monosilabismo del mazahua y rechazando con ello el monosilabismo que en su momento postulara Crisóstomo Náxera.[15] Los puntos numerados del cinco al ocho introducen las partículas del número, incluyendo las del dual, las de los pronombres personal y posesivo y las del relativo y del demostrativo.[16] El verbo y las partículas de número tiempo –pretérito, futuro y futuro en *rus–,* al igual que la partícula negativa y la interrogativa que se antepone al verbo, están contenidas en el punto noveno,[17] dejando el décimo y último, para ofrecer ejemplo de "algunos adverbios, conjunciones y preposiciones".[18] Las aportaciones de Pimentel al conocimiento de la lengua mazahua se acompañaron de un análisis morfológico del Padre Nuestro, tarea en la que actualizó la representación gráfica contenida en la *Doctrina, qu* por *k,* y llevó a cabo la separación de par-

[12] Crisóstomo Náxera [1845] 1984. *Disertación sobre la lengua otomí,* México: Editorial Innovación, S.A., p. 73.

[13] Francisco Pimentel [1862] 1865. *Cuadro descriptivo y comparativo de las lenguas indígenas de México o Tratado de filología mexicana,* t. III, México: Tipografía de Isidoro Epsteir, pp. 421-439.

[14] *Ibid.*, p. 422.

[15] *Ibid.*, p. 422.

[16] *Ibid.*, p. 423.

[17] *Ibid.*, pp. 423 y 424.

[18] *Ibid.*, p. 425.

tículas gramaticales y léxicas aunque sin hacer distinción del locativo a que autores posteriores toman en cuenta.[19]

En el siguiente capítulo, Pimentel emprendió la comparación de este idioma con el otomí, y ahí hizo hincapié en el hecho de que en ninguna de estas dos lenguas se marca el género ni el caso, de que no hay en ellas subjuntivo ni infinitivo y el mazahua, y de que el imperativo se suple con el futuro. Reitera igualmente que ambas lenguas son pobres en preposiciones y ofrece, por añadidura, un listado de unidades léxicas para comprobar su parentesco.

Una década después se hizo mención al idioma mazahua en el periódico *La Voz de México*.[20] En él fueron publicados unos *Exercicios mazahuas* que Manuel María Herrera y Pérez (1885), conocedor aficionado del idioma por vivir en una región habitada por este grupo, ofreció en tres números de este diario. La intención de Herrera fue dar a conocer características orales de la lengua para un público general, utilizando notación alfabética y presentando las palabras divididas en sílabas.

En la primera mitad del siglo XX, en 1937, Jacques Soustelle llevó a cabo la primera descripción gramatical de la lengua mazahua, en términos de la lingüística moderna. En su obra *La famille Otomi-Pame du Mexique Central*[21] dedicó un amplio espacio al idioma otomí que fue un punto de referencia comparativo en su descripción de las otras lenguas de esta familia, muy particularmente, la mazahua: "El sistema fonético del mazahua sólo difiere del otomí por la frecuencia relativa de ciertos fonemas, no contiene ningún sonido que sea particular de esta lengua, salvo la *d* retrofleja."[22] Aquí hacía referencia a la mayor presencia de las sibilantes sonoras y de la vibrante en el idioma mazahua que recopiló en localidades del Estado de México y de Michoacán. Fueron fuente importante de sus datos los poblados de San Bartolo del Llano, Nicolás Romero y Francisco Serrato pero también obtuvo ejemplos en El Oro, Atlacomulco, Yeche, Almoloya y Jocotitlán.

El estudio morfológico, otorgó primordial importancia a la afijación, que se ilustró con ejemplos de variantes de Michoacán y del Estado

[19] *Ibid.*, pp. 426-428.

[20] Manuel María Herrera y Pérez, "Exercicios Mazahuá", en *La voz de México*, México, t. XVI, junio 1885.

[21] Jacques Soustelle, 1993, *La familia otomí-pame del México central*, primera traducción al español, México: Fondo de Cultura Económica.

[22] Soustelle, p. 271

de México. Además de la atención que prestó a prefijos y sufijos de la lengua, Soustelle dio cuenta de la función que conllevan las modificaciones fonéticas de las palabras. En el campo de la sintaxis se refirió a la colocación de las partes de la oración mazahua y al introducir las clases de palabras tomó en cuenta las "palabras-herramienta" tomadas del español como *porke* ('porque').[23] Éste es un uso que se observa comúnmente tanto en el mazahua como en otras lenguas indoamericanas. Su descripción del pronombre señala la partícula *nu* que presenta analogía con el otomí, da cuenta del dual e indica su diferencia dialectal en la variedad de Michoacán. Concluye indicando que su modo de formación es idéntico al del otomí. El adjetivo no fue para él una clase claramente diferenciada dado que podía tener el equivalente de un sustantivo o de un verbo y al describir al segundo, llamó la atención a la vaguedad e indeterminación que, a diferencia del otomí presentaba en su opinión, el uso de los sufijos tanto los temporales como los marcadores de persona. Del aspecto, señaló que esta noción ocupaba un lugar menos importante que en otomí ya que se habían perdido prefijos, como la š-, que estaban registrados en documentos más antiguos. Sin embargo, reportó un presente instantáneo indicado por la presencia o ausencia de un prefijo *na-* y la de un terminativo *ruk'wari*.[24] Además de la reiterada comparación con la lengua otomí, Soustelle comentó señalamientos de los estudios anteriores referidos a esta lengua. El más citado de ellos es el de Nágera Yanguas, en menor medida el de Pimentel y en algunas ocasiones hizo referencia crítica a alguno de los señalamientos de Herrera y Pérez.

Como parte de las políticas educativas y lingüísticas que dieron inicio alrededor de los años 40, empezaron a surgir mayor número de escritos en y sobre la lengua mazahua, dando lugar a varias decenas de textos —impresos algunos, simplemente fotocopiados los otros— muchos de ellos elaborados con la colaboración de sus propios hablantes. Entre ellos se cuentan vocabularios de distinto orden e importancia, diccionarios monolingües y bilingües, textos escolares y producciones de tipo literario. Estos materiales han sido, desde entonces, parte de un fenómeno sociocultural importante, que testimonia el interés por ampliar

[23] *Ibid.*, p. 284.
[24] *Ibid.*, p. 288.

los escenarios de presencia y uso de una lengua que, en el contacto con el español, ha visto debilitadas sus funciones socioculturales. La intención primaria de estos textos no ha sido en todos los casos la de proporcionar datos lingüísticos sistemáticos y organizados para el estudio del mazahua, razón por la cual no me detengo a hacer su reseña y me limito a la consideración de algunas investigaciones especializadas que son antecedentes del texto que aquí se prologa. Dos de ellas son las tesis producidas en la Escuela Nacional de Antropología e Historia. En la primera de ellas, "Gramática del Mazahua de San Antonio Pueblo Nuevo", Mariscela Amador[25] cubrió la tarea de hacer una descripción pormenorizada de la fonología y la morfología de la variante de la comunidad que se nombra en el título.

Para el momento en que dio inicio la investigación de Amador se contaba con poco más de media docena de artículos científicos sobre el mazahua distribuidos, unos, en versiones fotocopiadas por el Instituto Lingüístico de Verano (ILV) y publicados, otros, en el *International Journal of American Linguistics* (IJAL). En ellos se habían tomado en consideración diferentes rasgos de la lengua como son la armonía vocálica, las secuencias consonánticas, la correlación tonémica e intonémica, las reglas morfonémicas y otras más. Contando con este bagaje la Gramática de Amador integró en su capítulo de fonología los fonemas segmentales-consonantes y vocales orales y nasales que describió con sus realizaciones fonéticas, sus ambientes y ejemplos —así como los fonemas suprasegmentales— acento, tono y entonación. Llamó igualmente la atención a la composición de la unidad silábica mazahua, susceptible de combinar hasta cinco consonantes con una vocal y registró los variados grupos consonánticos que tiene esta lengua. Sobre la morfología de la lengua la tesis fue puntual en la descripción de los afijos y los radicales dando cuenta, entre otros fenómenos, de sus cambios, de su composición y de sus inflexiones para introducirse posteriormente a las clases de palabras.

En un segundo capítulo se ocupó de la morfología y su descripción destaca, además de las diversas clases de morfemas que integra la lengua, la inflexión y composición de los sustantivos, la posesión, los

[25] Mariscela Amador, 1976, "Gramática del Mazahua de San Antonio Pueblo Nuevo", tesis profesional para optar al título de Licenciado en Antropología con especialidad en Lingüística, México: Escuela Nacional de Antropología e Historia.

tipos de determinación definida e indefinida y el lugar que en ella ocupan los clíticos. Antes de llegar a los verbos el estudio se internó en el rico sistema de pronombres libres y sufijados, de sujeto, de objeto directo y benefactivo y de sus formas duales y plurales, inclusivas y exclusivas que se explican con un esquema semántico. El estudio del verbo, que da inicio con la presentación de sus raíces y sus afijos, ofrece información sobre los tipos de construcciones: un tipo de las intransitivas, tres tipos de las transitivas, tres formas de construcciones descriptivas dos de imperativas, una forma para las reflexivas y una forma para las dubitativas.

Amador no se arredró ante la complejidad de los variados cambios morfofonémicos que ocurren en la lengua, los cuales fueron integrados detalladamente en la última parte de su investigación. Los primeros dieron cuenta de casos de asimilación, elisión y pérdidas de vocales y consonantes. Los segundos, de casos de armonía vocálica y de los grupos consonánticos a que dan lugar. Es indudable que la multiplicidad de fenómenos contemplados por Amador, abrió un surco para el estudio sistemático de los fenómenos lingüísticos que despliega esta lengua.

Transcurrieron 20 años entre la tesis de Amador y la de Michael Knapp Ring, "Fonología del Mazahua".[26] En ese lapso los interesados en continuar la aproximación a su descripción puntual, pudieron acercarse a ella a través de artículos como el de Doris Bartholomew (1975) "Some morphophonemic rules in Mazahua" y otros estudios integrales de la lengua como el borrador "Gramática del mazahua" de Donald Stewart (1993). A partir de una amplia cantidad de datos de la comunidad de Portes Gil y del pueblo de San Miguel Tenochtitlán, Knapp Ring se dio a la búsqueda del funcionamiento del sistema fonológico del mazahua al interior de su propia gramática. No desdeñó en su búsqueda las indicaciones que sobre la lengua legaron Nágera Yanguas y Pimentel y en su momento las recuperó críticamente. Su tesis hurgó de manera por demás sistemática en las entrañas de la lengua y si bien reconoció de entrada su estrecha relación con el otomí, se detuvo menos en hacer comparaciones sobre la mayor o menor complejidad de los siste-

[26] Michael H. Knapp Ring, 1996, "Fonología del Mazahua", tesis profesional para optar al título de Licenciado en lingüística con especialidad en Lingüística, México: Escuela Nacional de Antropología e Historia.

mas de ambas lenguas y más en exponer sus relaciones estructurales. Para el abordaje teórico del sistema vocálico, del consonántico, de los rasgos segmentales y de la estructura prosódica del mazahua actual recorrió un largo camino teórico desde los postulados de la Escuela de Praga hasta nuestros días. El cotejo y examen crítico de datos y metodologías dio lugar a un conocimiento muy ponderado de la fonología de la lengua mazahua y de su funcionamiento. Sin excesos explicativos y con multitud de ejemplos dio constancia de la conservación del complejo fenómeno de armonía vocálica y de las reglas de propagación y de redundancia de las que depende. Los rasgos consonánticos de localización y obstrucción, entre otros, y los procesos en que se ven insertos, como la asimilación y la metátesis fueron tratados exponiendo previamente los estudios que los preceden y renovándolos con el apoyo de los nuevos postulados para la descripción fonológica. En su meticuloso proceso de investigación Knapp Ring se introdujo al fenómeno de formación de frases no lexicalizadas, donde se debilita el principio de la preservación de la estructura. Finalmente su tesis no dejó que los enclíticos se quedasen en el tintero y partiendo de ellos ofrece una extensa lista de cambios en los radicales de esta lengua.

Al dar inicio el actual milenio, el mismo Knapp Ring continuó dando seguimiento a sus investigaciones sobre la lengua y en "Elementos de dialectología mazahua", llevó a cabo un estudio que contribuye a establecer las fronteras dialectales de este idioma.[27] A esta investigación me permito sumar, sin con ello pretender ser inclusiva de todos los trabajos que se han dedicado a la lengua mazahua en la primera década del año 2000, el trabajo terminal de Cecilia Juárez y Antonio Cervantes para obtener la licenciatura en lingüística. Este estudio tuvo como objetivo principal, apoyado en un análisis instrumental, la descripción y análisis de la fonología segmental y del sistema tonal del mazahua de El Depósito, San Felipe del Progreso, Estado de México.[28] Y más recientemente, Yolanda Lastra y Leopoldo Valiñas, con funda-

[27] Michael Knapp Ring, 2002, "Elementos de Dialectología Mazahua", en Paulette Levy (ed.), *Del Cora al Maya Yucateco: Estudios lingüísticos sobre algunas lenguas indígenas mexicanas*, México: Instituto de Investigaciones Filológicas, UNAM, pp. 59-80.

[28] Cecilia Juárez García y Antonio Cervantes Lozada, 2005, "Temas de (morfo)fonología del mazahua de El Depósito, San Felipe del Progreso, E. de México. Con un análisis instrumental". México: Universidad Autónoma Metropolitana, Iztapalapa.

mento en isoglosas léxicas, han llegado a interesantes conclusiones. Indican que la distancia entre el mazahua y el otomí podría ser entre 7.4 y 5.8 siglos; demuestran asimismo que son, en la actualidad, dos lenguas léxicamente diferentes y señalan por último, la urgencia de descripciones del mazahua que den cuenta de las diferencias existentes en el nivel morfológico y el fonológico con el otomí.[29]

Este renovado interés por una lengua que fue anteriormente poco estudiada se encuentra plasmado en *El mazahua de San Pedro el Alto*... donde, Cárdenas Martínez y Lastra hacen la más reciente contribución al conocimiento del idioma mazahua, siguiendo las pautas que solicita la organización del Archivo del que forma parte su trabajo. Cada uno de sus capítulos nos acerca a la variedad de San Pedro el Alto que se presenta con rigor y, a la vez, con gran claridad. En la Nota Introductoria se explica el empleo del alfabeto del INEA que será utilizado en el texto por ser el más empleado en la región. Esto no obsta para que, en el capítulo de la fonología, se hagan, en pie de página, las observaciones pertinentes cada vez que se lleva a cabo alguna modificación.

Los relatos "El fin del mundo" y "La bruja" introducen al lector al espacio de la morfología del mazahua de San Pedro el Alto con glosas claras y precisas a la vez que lo acercan a dos manifestaciones fundamentales del uso cultural y cotidiano de su lengua: la narrativa y la conversación. Cabe señalar que el nivel morfológico que toman como punto de anclaje estos dos componentes discursivos de la lengua es el que muestra la frecuencia más alta de préstamos del español, observación que abre el espacio para otros estudios de la lengua relacionados con el contacto.

Para dar cuenta de la sintaxis, el Archivo propone un extenso cuestionario que permite comprobar, entre otros ejemplos, la permanencia de las complejas formas del dual en primera persona exclusiva e inclusiva: *nuzgó b?é ri ngeje b?e* 'nosotros dos somos...' dual exclusivo y *nuzgó bi ngeje bí* 'nosotros somos...' dual inclusivo. También incluye

[29] Yolanda Lastra y Leopoldo Valiñas, 2007, "Mazahua y otomí ¿Lenguas o dialectos?", *Clasificación de las lenguas indígenas de México. Memorias del III Coloquio Internacional de Lingüística Mauricio Swadesh*, México: Instituto de Investigaciones Antropológicas, Universidad Nacional Autónoma de México e Instituto Nacional de Lenguas Indígenas, pp. 207-230.

el dual y el plural de segunda y tercera personas: *nútsk?e bí i-ngeje bí* 'ustedes dos son...' *núsk?e jí i ngaje jí* 'ustedes son...'; *angézé wí ngeje wí* 'ellos dos son...' *angézé jí ngeje jí* 'ellos son...'. Asimismo ofrece un amplio muestreo de complementos instrumentales, comitativos y locativos que permiten presuponer la posibilidad de préstamos preposicionales: *ko* 'con': *... ko nu zaa* '...con el palo'; *o eje ko e andré* 'vino con Andrés'; *a ...a* 'a/en' '...a zumi '...a/en Toluca'.

Quinientos noventa y cuatro ejemplos ofrecen datos de la gramática mazahua en este volumen donde, además del sistema pronominal y los complementos, hacen acto de presencia, insertos en cláusulas simples, subordinadas, interrogativas y negativas: los determinantes, numerales, la posesión, los mostrativos, los enfatizadores, los exhortativos, los reverenciales, el irrealis, las formas de tiempo y aspecto perfectivo e imperfectivo, entre otras manifestaciones del "genio de la lengua mazahua" que, en la última parte de esta colaboración se manifiesta con un vocabulario de más de medio millar de palabras.

Además de la intención académica específica de las publicaciones del Archivo, la cual ya hemos señalado, el formato que integra toda la información lingüística tiene el valor particular de facilitar su lectura y aprehensión. Es por lo tanto una obra que puede colaborar al fomento de la reflexión metalingüística y metacomunicativa de los hablantes interesados en "aprender sobre su lengua". Desde esta perspectiva debemos recibirla como una contribución al mantenimiento y revitalización del idioma mazahua la cual se reafirma y fortalece, en el presente texto, con la autoría principal de uno de sus hablantes: Celestino Cárdenas Martínez.

Dora Pellicer
Escuela Nacional de Antropología e Historia

INTRODUCCIÓN

El Archivo de Lenguas Indígenas de México

Plan y objetivos

La finalidad fundamental de un archivo de lenguas es naturalmente la conservación de materiales primarios de ellas, lo que puede realizarse de distintas formas,[1] desde la recolección de una lista breve de palabras hasta la de material suficiente para una descripción detallada. La función de simple testimonio resultaría muy restringida para un archivo organizado sistemáticamente, pero razones de orden práctico y principalmente el deseo de que la formación del Archivo fuera una tarea realizable en un lapso limitado, han impuesto en el caso presente criterios selectivos. Según éstos, se han fijado como objetivos: que el Archivo *1*) contenga una muestra representativa de la diferenciación lingüística de México, y *2*) sea utilizable para comparaciones tipológicas e históricas.

Para satisfacer el primer punto el Archivo deberá incluir equilibradamente lenguas que representen los distintos niveles de diferenciación, desde tronco lingüístico a dialecto. Sin que ello signifique un esquema rígido, se han establecido al respecto tres etapas para la

[1] Para distintos puntos de vista, cf. *IJAL*, vol. 20, núm. 2 (1954).

formación del Archivo. En la primera se archivará una lengua de cada uno de los grupos que tradicionalmente se enumeran para el país, o sea, cerca de treinta. En la segunda, se incluirán las lenguas marcadamente diferenciadas (cuando las hay) dentro de cada uno de los grupos anteriores, lo que significa que se archivarán unas veinte lenguas más. En la etapa final, cuya meta es reflejar la atomizada fragmentación dialectal que se da en varias de esas lenguas, se intentará cubrir el mayor número de localidades, si bien por un procedimiento distinto del que se empleará en las dos primeras etapas.

Para que la muestra sea útil desde un punto de vista tipológico e histórico es necesario que los materiales archivados sean comparables en el mayor grado posible, o sea que se siga en cada caso un procedimiento sistemático y uniforme. Naturalmente a este requisito se han ajustado los distintos cuestionarios elaborados hasta ahora para relevamiento lingüístico, pero en ellos se han contemplado fundamentalmente el aspecto léxico, algunas categorías gramaticales y muy poco material presumiblemente sintáctico.[2] Esa característica de los cuestionarios responde en buena parte (hay naturalmente también razones de orden práctico) a la hipótesis de que cada lengua presenta en todos sus aspectos una organización peculiar y única —hipótesis que de ser cierta, invalidaría cualquier intento de tipología— y que por lo tanto no es posible registrar los procedimientos que expresan determinadas nociones por medio de la traducción de oraciones en una lengua dada, sin correr el riesgo de distorsionar la lengua que se estudia y de pasar por alto lo fundamental y específico de ella. Es claro que ese peligro —aparte de lapsos ocasionales o del caso de un informante o de un investigador muy ineficientes— sólo existe si el desajuste entre el contenido semántico del cuestionario y la cultura ambiente de la lengua estudiada es muy grande, o que se pretenda una traducción literal. Pero además esa concepción de la

[2] Véase por ejemplo, Marcel Cohen, *Questionnaire linguistique.* Comité International Permanent de Linguistes. Publications de la Commission d'Enquête Linguistique, 1951; más amplio es el "Formulario para estudios comparativos nas linguas indígenas brasileiras" en *O Sector Lingüistico do Museu Nacional* (*organização e objetivos*). Publicaçães avulsas do Museu Nacional, Rio de Janeiro, 1965, pp. 27-36. Sin embargo, resulta más actual por su concepción y superior a cuestionarios posteriores el incluido en J. W. Powell, *Introduction to the Study of Indian Languages, With Words, Phrases and Sentences to Be Collected,* Washington, 1877 (2a. ed., 1880).

lengua parece no tomar en cuenta la diferencia radical entre la fo-logía y morfofonemática y el resto del sistema lingüístico en cuanto al problema heurístico. Si bien se pueden establecer listas de contrastes fonológicos posibles,[3] que quizás en algún momento se puedan considerar exhaustivas, no hay procedimiento que permita elicitar si una lengua tiene, por ejemplo, contraste de palatalización, excepto recogiendo material y observando si el fenómeno aparece. Pero no es necesario; por el contrario, representa una pérdida de tiempo —aunque, en teoría algunos lingüistas parecían considerarlo una virtud— registrar pasivamente material de una lengua a la espera de si surge o no una construcción que exprese posesión. Lo que seguramente cualquier lingüista siempre ha hecho es suponer que de algún modo la lengua expresa la posesión, ha obtenido la traducción de expresiones posesivas de la lengua de contacto y ha clasificado las formas obtenidas así dentro de los mecanismos sintácticos o morfológicos conocidos. Es decir que no es necesario adoptar hipótesis extremas sobre universales lingüísticos para reconocer que hay una serie de categorías semánticas que son las mismas, por lo menos en un nivel "ético", que, necesaria o potencialmente, se expresan con mayor o menor elaboración en las lenguas, y que las estructuras que las expresan no varían imprevisiblemente. Concretamente, una lengua puede tener o no la construcción denominada ecuacional, pero de tenerla, casi con certeza expresará una noción como identidad, clasificación o existencia.[4] Por ello resulta factible la elaboración de un cuestionario que permita registrar cómo se expresan una serie de nociones (tales como negación, existencia, actor, instrumento, etc.), y a través de ellas captar las estructuras sintácticas y morfológicas de una lengua.

[3] Cf. Peter Ladefoged, *Preliminaries to Linguistic Phonetics*, Chicago y Londres, 1971.

[4] Es previsible que un test sobre correlaciones entre rasgos semánticos y estructuras formales semejante al que realizó Ferguson respecto a la configuración de un sistema fonológico, daría el mismo resultado (cf. Charles A. Ferguson, "Assumptions About Nasals" en Joseph H. Greenberg ed., *Universals of Language*, Cambridge, Massachusetts, 1963, pp. 43, 47, n. 5). Materiales que confirman lo dicho en el texto se encuentran en Uriel Weinreich, "On the Semantic Structure of Language", en el libro editado por Greenberg ya citado (pp. 114-171) y en las monografías publicadas en *Working Papers on Language Universals*. Language Universals Project. Committee on Linguistics, Stanford University, Stanford, California, 1-(1969).

En este Archivo, que creemos constituye el primer intento sistemático de esta naturaleza, no se pretende cubrir todos los aspectos de la lengua[5] pero sí recoger información básica que sea directamente utilizable o que sirva de punto de partida para investigaciones detalladas. Se ha desistido de incluir, excepto como somera ejemplificación, la morfofonemática, pues la complejidad de la mayoría de las lenguas que se archivarán exigiría ampliar desmesuradamente el material.[6] Asimismo, en relación con ciertas categorías como, por ejemplo, las de modo y tiempo-aspecto, sólo se pretende registrar el número de categorías contrastantes, pero de ningún modo ofrecer el material que sería necesario para un estudio aun rudimentario de su contenido semántico; no sería razonable intentarlo dentro de los límites de este Archivo cuando es el caso que ese tipo de información no se encuentra ni en las gramáticas más detalladas de lenguas indígenas americanas. La fonología se incluirá adoptando un enfoque autónomo de ella, no sólo porque de otro modo se requeriría incluir sistemáticamente la morfofonemática, sino también porque se considera enteramente válido su tratamiento autónomo.

Dado que en la etapa de recolección a nivel dialectal sólo se trata de atestiguar concretamente la fragmentación lingüística y que el número de localidades que se debería cubrir es muy elevado, ello sólo se hará incluyendo en forma muy restringida aspectos fonológicos y léxicos.

En resumen, el Archivo no pretende remplazar las descripciones particulares (ni en el nivel dialectal sustituir a un atlas lingüístico), pero las complementará en cuanto el material incluido será enteramente comparable.[7] Dado el panorama lingüístico de México, ello

[5] Aparte de problemas de realización, para un objetivo tan amplio sería necesario disponer de una lista de rasgos semánticos-gramáticos conocidos, semejante a la lista de procedimientos gramaticales compuesta por Whorf ("Language: Plan and Conception of Arrangement" en *Language, Thought and Reality. Selected Writings of Benjamin Lee Whort*, Cambridge, Massachusetts, 1964, pp. 125-133).

[6] La cantidad de material que sería necesario incluir se puede apreciar consultando los paradigmas verbales incluidos en Elinor Briggs, *Mitla Zapotec Grammar*, México, 1951.

[7] Naturalmente el tipo de datos que proporcionará el Archivo puede obtenerse de descripciones particulares, pero en las gramáticas usuales de lenguas indígenas puede averiguarse, por ejemplo, si dos lenguas presentan para expresar una noción locativa, una frase preposicional y una frase nominal, pero difícilmente si las dos

implica que se podrán realizar comparaciones entre lenguas de troncos lingüísticos distintos, y dentro de uno de ellos (otomangue) entre lenguas de distintas y de las mismas familias.

Organización del Archivo

Para cada lengua, en las dos primeras etapas, el corpus que se archivará estará integrado por cuatro secciones: fonología, morfofonemática, gramática y léxico.

1. Fonología. El material grabado en cinta magnetofónica y transcrito, ejemplificará los siguientes aspectos:

a) inventario
b) contrastes no obvios
c) fonotáctica
d) alófonos

También se incluirá un diálogo y un texto de otro carácter.

Es necesario prever un margen de variación en la presentación de esta sección que dependerá del grado de seguridad alcanzado en el análisis fonológico. Dado que el trabajo en muchas de las lenguas será realizado por lingüistas muy familiarizados con las lenguas respectivas, ello asegura un grado muy alto de afinamiento en el análisis fonológico que permitirá una mayor economía en la presentación, pero se considera suficiente para archivar una lengua el que se haya determinado la variación libre.

2. Morfofonemática. Como el objeto de esta sección es —además de el de dar una idea del tipo de lengua bajo este aspecto— facilitar la utilización de la sección gramatical, sólo se incluirá un ejemplo de cada uno de los tipos de hechos morfofonemáticos más frecuentes en cada lengua, por ejemplo: afijación, alternancia vocálica, consonántica o tonal, etcétera.

3. Gramática. El cuestionario que se empleará es una ampliación del elaborado para este Archivo por el profesor Ray Freeze; consta de 594 oraciones, pero el número será mayor pues varias de las oraciones

lenguas emplean la misma construcción para decir 'en la casa' o 'en el campo', y no parece que esta información sea superflua en vista de los enfoques actuales en lingüística.

contienen variantes. La uniformidad del cuestionario se alterará por razones de orden cultural o de ambiente físico; en los casos en que por algunos de esos motivos no fuera posible la traducción de una oración determinada, ésta se reemplazará por otra lo más semejante posible gramatical y semánticamente. El cuestionario se ampliará cuando quien archive la lengua considere que hay aspectos importantes de ella que quedarían sin ejemplificar o insuficientemente ejemplificados si se limitara al cuestionario. Cada oración irá acompañada de la traducción literal por palabra o, preferentemente, por morfema.

4. Léxico. El vocabulario consta de 532 palabras; está basado en las listas que empleó Roberto J. Weitlaner y que construyó con vistas a un medio mesoamericano. En los casos en que la coincidencia semántica entre la palabra española y cualquier palabra indígena sea muy parcial se deberá incluir más de un equivalente.

Para la etapa de recolección dialectal, el material consistirá en la lista básica de 100 palabras de Swadesh más otras 100 palabras que se seleccionarán para cada familia lingüística con base en los trabajos comparativos y dialectales ya realizados.

Guía del cuestionario

La lista siguiente es una enumeración (ni rigurosa ni exhaustiva) de construcciones y categorías españolas incluidas en el cuestionario que puede servir de guía para su uso:

Actor indefinido (173-178).

Cláusulas subordinadas:

causales (563, 564); comparativas (528-533); concesivas (557, 558); condicionales (559-562, 574); finales (553-556, 583-587); objetivas (210-266, 314-316); relativas (78-80, 154-156, 159, 482-508); temporales (565-573).

Cláusulas truncadas (273, 274, 575-577).

Complementos:

comitativo (443-447); instrumental (430-442); locativo (30-41, 43-58, 449-481); modal, predicativo (163-167, 178, 179, 398-423); temporal (62, 144-146, 162, 204-209, 263, 276, 285, 286, 291-299, 302, 304, 318-325, 332, 363, 368, 421, 422, 581).

Jorge A. Suárez

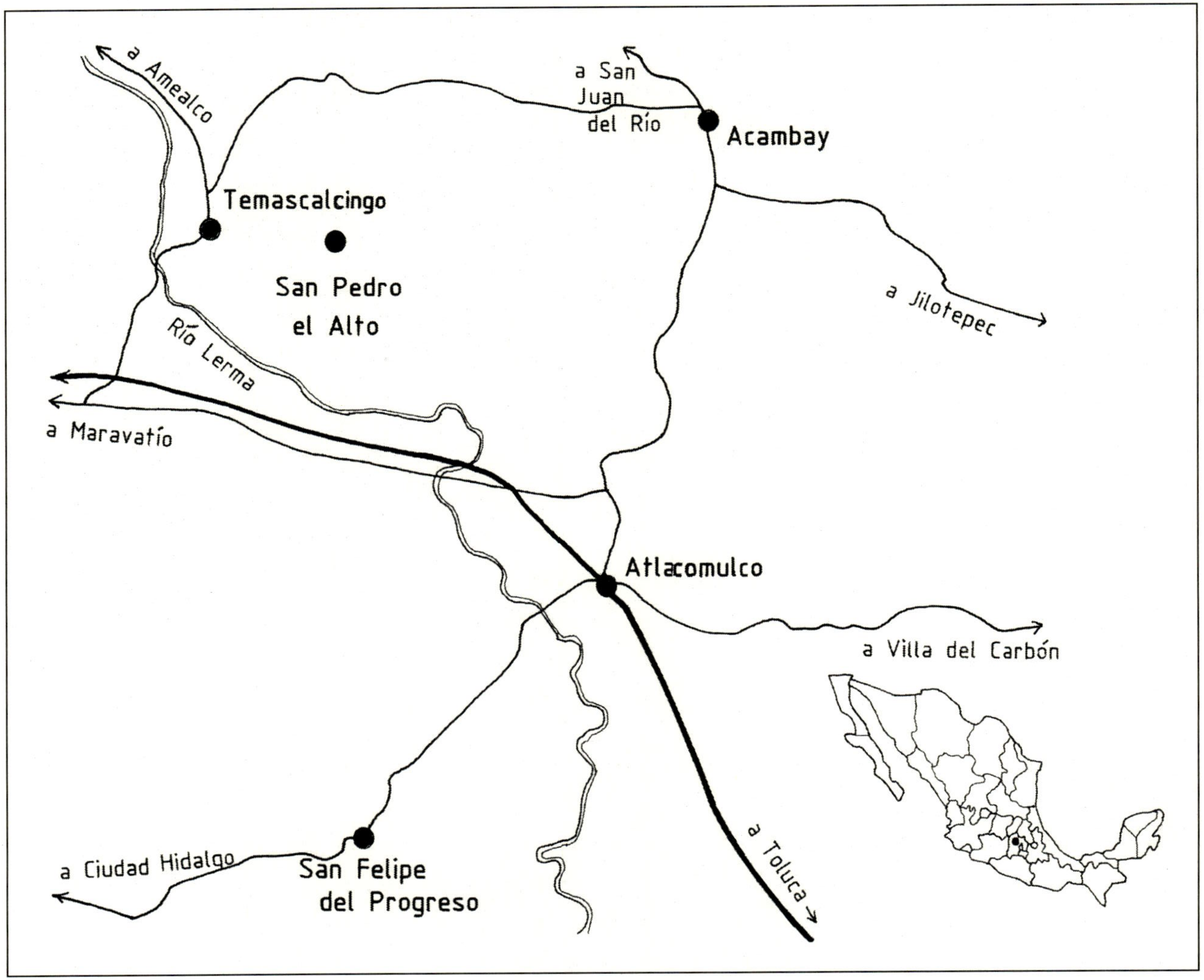

a Amealco
a San
Juan
del Río
Acambay
Temascalcingo
San Pedro
el Alto
a Jilotepec
Río Lerma
a Maravatío
Atlacomulco
a Villa del Carbón
a Ciudad Hidalgo
San Felipe
del Progreso
a Toluca

NOTA INTRODUCTORIA

El autor principal de este libro es el maestro Celestino Cárdenas Martínez, natural de San Pedro el Alto, Mpio. de Temascalcingo, Estado de México. El maestro Cárdenas fue Comisario Ejidal (2004-2007) y miembro de varias asociaciones cuyo propósito es obtener apoyos gubernamentales para mejorar su comunidad tanto en aspectos materiales como en los de la preservación de la lengua y la cultura mazahuas. Dirigió un taller en el que niños y adolescentes aprendían la lengua y su escritura.

Fue maestro de primaria en varias escuelas del Estado de México y, posteriormente, entre 1978 y 2004, impartió las materias de Historia Universal e Identidad Estatal en educación media básica en el mismo estado. Simultáneamente, dio clases de mazahua en la Facultad de Filosofía y Letras de la Universidad Autónoma del Estado de México. Cuando se creó la Facultad de Antropología en dicha universidad, continuó con sus clases hasta su jubilación en 2004.

Ha sido asesor técnico del Instituto Nacional para la Educación de Adultos (INEA) y ha colaborado en varios libros tales como *Instructivo del alfabetizador. Población mazahua* (con Esteban Segundo) y *Cantos, cuentos y mitos mazahuas*.

En la Facultad de Antropología de la UAEM conoció al maestro Alfonso Serrano, quien lo instó a participar en el Primer Coloquio sobre Grupos Otomianos del Estado de México que se celebró en 1996. Fue entonces cuando empezamos a trabajar en la preparación del tomo del Archivo que aquí se presenta, primero en Toluca y después en El Colegio de México. En 2004 el maestro Celestino se jubiló por lo que interrumpimos el trabajo, que afortunadamente se pudo completar ahora.

El autor acostumbra emplear el alfabeto del INEA para escribir su lengua. Por esa razón y por ser el más utilizado en la región se utiliza dicho alfabeto en el que se distinguen todos los contrastes de la lengua. Se escribe <j> para la aspiración, por ejemplo, <x> para lo que algunos lingüistas representarían con /š/. A continuación damos una tabla de equivalencias para aquellos fonemas cuya grafía difiere de la usada habitualmente por estudiosos de lenguas amerindias:

Fonémica convencional	Grafía INEA
c	ts
č	ch
š	x
Φ	f
h	j

Yolanda Lastra

ABREVIATURAS

ART	artículo
AUM	aumentativo
COMPL	completivo
DEM	demostrativo
DET	determinante
DIM	diminutivo
DU	dual
ENF	enfático
EXCL	exclusivo
EXHORT	exhortativo
FUT	futuro
IMPERF	imperfecto
INCL	inclusivo
INTERR	interrogativo
IRR	irrealis
NEG	negación
OBJ	objeto
P	persona
PL	plural
POS	posesivo
PRES	presente
PRET	pretérito
PRON	pronombre
REL	relativo
REV	reverencial
TEMP	temporal

FONOLOGÍA

FONEMAS

Símbolo fonémico[1]	**Ejemplos**	**Traducción**
	1. inicial 2. interno 3. final	
Vocales orales		
/i/	1. íxi	naranja, agrio
	2. xímo	sonaja, guaje, hueco
	3. míxi	gato
/e/	1. éñe	juega
	2. péjñe	junta, reúne
	3. cháre	gallo

[1] Se emplea el alfabeto aprobado en una reunión convocada por el Instituto Nacional para la Educación de los Adultos (INEA) en 1986. En este apartado, le hacemos ligeras modificaciones a dicho alfabeto. Se trata de la variante dialectal de San Pedro el Alto, Temascalcingo, Estado de México.

/ɛ/	1. ɛ̌ɛ	golpea, trae, arrea
	2. pɛ̌fi	trabaja
	3. ts/ímɛ	ovejita
/ʉ/[2]	1. ʉ̌mʉ	zorrillo
	2. zʉ̌mi	Toluca
	3. ngúmʉ	casa
/ø/	1. ǿrø	oigo, escucho, entiendo, comprendo
	2. ndǿmʉ	aire, viento
	3. ndǿjnø	flor
/a/	1. angézé	él, ella
	2. nána	señora
	3. táta	señor
/u/	1. únʉ	da
	2. múxa	elote
	3. bíjtu	ropa
/o/	1. na ǒo	el dulce
	2. na nójo	grande, gordo
	3. na jǒo	bien, bueno
/ɔ/	1. ɔ̌ɔ	pulga
	2. tɔ̌jɔ	canta
	3. bóndɔ	México-Tenochtitlan

Vocales nasales[3]

/į/	1. į́jį	duerme
	2. xį̌įnchʔi	alrededor, dar vueltas
	3. na xį̌į	oloroso, apestoso

[2] En la escritura del INEA, se escribe con una u cruzada con una diagonal.

[3] En la escritura del INEA, las vocales nasales se subrayan (ej. i̲).

/ę/	1. ęję	viene
	2. chę̆ę	frente
	3. na ję̆ę	lejos
/ą/	1. na ą́rʉ	áspero, rasposo, tosco
	2. ką́rʉ na punkjʉ	hay muchos (animales)
/ų/	2. ichų̆ųge	tu nombre
	3. ndų̆ų	muere
/ǫ/	1. ǫ̆ǫ	sal
	2. ngǫ̆ǫ	ratón
	3. ndǫ̆jǫ	gana

Consonantes oclusivas sordas

/p/	1. păa	día, caliente
	2. yémpa	martes
/t/	1. tĕe	crece
	2. táta	señor
/k/	1. kăa	cuervo
	2. nútskʔe	tú
/ʔ/[4]	2. tsʔixúti	muchachita

Consonantes oclusivas sonoras

/b/	1. bóbʉ	ponerse de pie, levantarse
	2. bʉ̆bʉ	vive, está
/d/	1. díji	diarrea
	2. lóda	ruda
/g/	2. na kʔángʉ	azul
	2. itsʔíngúmʉgó	mi casita

[4] En la escritura del INEA, se escribe con el apóstrofo.

Africadas

/ts/	1. tsíxi	añil, pintura
	2. kíjtsi	corto el fruto de un árbol
/ch/	1. chǎa	viejo, anciano
	2. tájchareé	gallote
	3. itsʔícharegó	mi gallito

Sibilantes

/s/	1. sǎa	come (fruta), muerde (el perro)
	2. mǎasá	lombriz, alicante
/x/	1. xǎa	rocío
	2. měexe	araña
/z/	1. zǎanʉ	luna, mes, periodo menstrual de la mujer
	2. múza	zapote
/ž/	2. měeže	tarda, dura, tiempo

Fricativas

/f/	1. fɛ́jchi	sabe
	2. jyáfʉ	Ixtlahuaca
/j/	1. jɛ̌ɛʔbi	papel
	2. nziojo	cuatro

Lateral

/l/	1. límu	limón
	2. léle	bebé
	2. tsʔíléle	bebecito

Nasales

/m/	1. májpe	costal, morral
	2. măamʉ	dice
	2. ndajmŏomʉ	cazuela
/n/	1. nʉ̆ʉ	madre, mamá
	2. uéne	muñeca[5]
	2. tsʔínguáne	comadrita
/ñ/	1. ñăa	habla, platica
	2. péjñe	junta, reúne

Vibrante simple[6]

/r/	1. ra má	ir
	2. xɔ̆ɔrʉ	estudia, lectura

Semi consonantes

/y/	1. yŏo	vela, cera

Grupos consonánticos con /ʔ/

/tʔ/	1. tʔéje	monte
	2. fántʔeje	venado
/kʔ/	1. na kʔángʉ	azul
	2. dŏokʔa	papa

[5] La palabra *uene* significa 'muñeca' cuando una niña está jugando, pero también la utilizan los fieles, sobre todo mujeres, para dirigirse a Dios o a algunos otros seres sobrenaturales como la luna o los santos católicos. Cuando se muere un niño, se refieren a él como *uene tsianxe*, equivalente a 'angelito'.

[6] Puede haber alguna vibrante múltiple en préstamos del español.

/bʔ/	1. bʔǎa	leche
	2. tábʔága	vacota
/dʔ/	1. dʔǎagʉ	baja
	2. idʔéžego	mi escalera
/tsʔ/	1. tsʔídyǒo	perrito
	2. itsʔímiñígó	mi ardillita
/chʔ/	1. chʔii	hijo
	2. ichʔiijuɛ̌gó	mi hija
/sʔ/	1. sʔíbi	diente
	1. sʔǒ bɛzó	hombre malo
/mʔ/	1. mʔaafʉ	nido
	2. kuamʔánxʉ	muy arrugado
/nʔ/	1. nʔǎjmu	viudo
	2. tsʔínʔáxu	viudita
/ñʔ/	1. ñʔíji	camino
	2. tsʔiñʔíji	caminito

Grupos consonánticos con /j/

/tj/	1. tjɔ̌jo	canción
	2. na xǫ̌rstjo	muy temprano
/kj/	1. kjǎa	hace, hay
	2. mikjuermagó	mi hermano (hablando el hombre)
/tsj/	1. tsjǒo	cuñado
	2. mitsjǒo	mi cuñado
/jm/	1. jmánchʔa	despacio, lento
	2. mǒojmʉ	plato

/jn/	1. jnéme	baile, danza
	2. ts/íjnéme	bailecito
/jñ/	1. jñăa	palabra
	1. jñíñi	pueblo
/jy/	1. jyăarʉ	sol
	2. nújyo	aquellos

Otros ejemplos de grupos consonánticos

/dy/	1. dyɛ̌ɛ	mano
	2. xɛ̌dyi	tortilla
/mp/	1. mpăa	tiempo
	2. jñímpa	miércoles
/mb/	1. mbáro	Atlacomulco
	2. jyombéñe	olvida
/tj/	1. tjǫ́jǫ	canción
	2. na xǫ̌ǫrstjo	muy temprano
/kj/	1. kjăa	hace, hay
	2. mikjuermagó	mi hermano (de hombre)
/tsj/	1. tsjŏo	cuñado
	2. itsjăagó	mío
/jy/	1. jyăarʉ	sol
	2. nújyo	aquellos
/nd/	1. ndóra	durazno
	2. xʉ́ndaro	soldado
/ng/	1. ngúmʉ	casa
	2. ndʉ́ʉngumʉ	pared

/nz/	1. nzió, nziojo	cuatro
	2. inzíñigo	mi izquierda
/nž/	1. ya nžǿ̌ø	es tarde
	2. mĕenžønǿ	propietario de flores

TONO

Alto v́
Ascendente v̌ (el tono ascendente alarga la vocal)
Bajo v (no se marca)

Alto	1. órʉ	pide
	2. tsjógʉ	pasa
	3. ndéjé	agua
Ascendente	1. ɛ̌ɛ	golpea, trae, arrea
	2. pɛ̌ɛfi	trabaja
	3. pɛjñ̌i	engancha

CONTRASTES

/p/	mpéjñe	juntar
/b/	mbéñe	recordar
/s/	săa	como, muerdo
/z/	zăa	come, muerde
/i/	chʔii	hijo
/e/	chée	boca
/e/	méxa	mesa
/ɛ/	mɛ̌ɛ	acompaña
/ʉ/	pʉ̌ʉdʔʉ	da topes, picotea
/ø/	ø̌ørø	oye

/o/	na nójo	grande
/a/	nána	señora
/o/	póne	curvo
/ɔ/	pɔ̌ɔ	vende
/u/	ǔunʉ	da
/o/	ǒonʉ	pregunta
/i/	chíji	huye, escapa, abandona
/ị̜/	ị̜jị̜	sueño
/e/	ichěegó	mi boca
/ẹ̜/	ichẹ̜̌ẹ̜gó	mi frente
/a/	kǎa	cuervo
/ạ̜/	kạ̜́rụ̜ na punkjʉ	hay muchos (personas)
/u/	júmʉ	pone la gallina
/ụ̜/	jụ̜́rʉ	sentarse
/o/	ko	con
/ạ̜/	kạ̜̌ạ̜ dyoxʉ	tiene gusano
/t/	tɔ̌ɔtʔʉ	encuentro
/d/	ndɔ̌ɔtʔʉ	encuentra
/ch/	chómʉ	desgrana maíz
/ts/	tsósʉ	untas (medicamento en el cuerpo)
/ts/	tsíji	añil
/tsʔ/	tsʔʉka	chico
/t/	ténxi	todo
/tj/	tjěeže	tamal
/k/	kǎa	cuervo
/kj/	kjǎa	hace, hay

/tsʔ/	tsʔăasʉ	ataja, detiene
/tsj/	tsjaa	hace
/s/	sáya	descansa
/x/	xábo	jabón

NARRACIONES

NUKʔA SʔƐBI NU XOÑIJƆMʉ

e bʔechʔe: i tsʔimalego, jaje sʔɛbi nu xoñijɔmʉ, jangekua fʉrʉ ñe jaje kjuarʉ nu xoñijɔmʉ.

e tsʔimale: ja̧a̧a̧ i tsʔibʔechʔego, na tsʔijotjo nzikja naja ndøjnø, nukʔa sʔɛbi ne xoñijɔmʉ ngeje kʔa na jȩȩ, na jȩȩ, na jȩȩ nukʔa ri bʉnkjobi dya kʔo bi sɔɔ ra maa ñe ra nžogʉ ra nžodʉtjo.

e bʔechʔe: i tsʔimalego, na tsʔijotjo xitsi ja ra kjaapʉgo pa ra sɔɔ ra pørʉgø jaje sʔɛbi nu xoñijɔmʉ.

e tsʔimale: ja̧a̧a̧ i tsʔibʔechʔego na mboxkʉ, nu sʔɛbi nu xoñijɔmʉ ngeje na sʔeži pa ra pørʉ, nukʔa søtʔø ngeje na jȩȩ, na jȩȩ, na jȩȩ nukʔa jaje ri bʉnkjobi.

e bʔechʔe: i tsʔimalego na tsʔijotjo, janzi̧i̧ yo kjɛɛ ra meže naja nte pa ra sɔɔ ra søtʔø jaje sʔɛbi nu xoñijɔmʉ.

e tsʔimale: ja̧a̧a̧ i tsʔitʔigo, kʔo ri sɔɔ ra xitsitsʔʉ janzi̧i̧ kjɛɛ ra meže naja nte pa ra sɔɔ ra søtʔø nukʔa sʔɛbi nu xoñijɔmʉ.

e bʔechʔe: i tsʔimalego, nuzgo ya ri pɛsʔigo tsʔichʔa kjɛɛ numʉ ra fʉrʉgo dya ra nžodʔʉ pa ra søtʔø jaje sʔɛbi nu xoñijɔmʉ ra sɔɔ ra søtʔøgo ñe ra nžogʉzʉgo.

e tsʔimale: i tsʔitʔigo, na xidʔeže nzikja e tsʔinana, numʉ nutskʔe ri pedyege ba numʉ mi pɛsʔige tsʔichʔa kjɛɛ, bi pɛsʔige ri nžodʔʉ, ri nžodʔʉ na punkjʉ, na punkjʉ yo kjɛɛ pa ri sɔɔ ri søtʔø nukʔa sʔɛbi nu xoñijɔmʉ bi søtʔøge ya ri tsʔixita, ri tsʔixita, ri tsʔixita, ko i chøjø ñe bi chu̧u̧ge dyaka ri nžogʉ kʔa nu na tsʔijotjo jɔmʉ o jñaakʔʉtsʔʉ jmuxkʔʉ.

e bʔechʔe: i tsʔimalego, na tsʔijotjo jabi i pørge na punkjʉ, na punkjʉ yo pjørʉ nukʔo i ñaakʉzʉtjo.

e tsʔimale: na joo, texi nujyo pjørʉ ri ñaakʔʉtsʔʉ o zokʉzʉtjo yo i jøøpalege, nga ri fɔrugo na joo nzikja i chʔigo ñe i bʔechʔego.

e bʔechʔe: pɔɔkjʉdya tsʔimale tsʔianxe, yo pjørʉ i dyakʉzʉge nuzgo ra fɔrʉgo na joo ñe ra kjuatʔʉgo na joo nzikʔe.

TRADUCCIÓN

EL FIN DEL MUNDO

El nieto:	Abuelita mía, ¿adónde está el fin del mundo? ¿En qué parte inicia y termina?
La abuela:	¡Aaah! Nieto mío, hermoso como una flor, el límite del mundo está lejos, lejos, lejos de nosotros, pues nadie podría ir y regresar caminando.
El nieto:	Abuelita linda, ¿cómo haré para conocer o llegar al fin del mundo?
La abuela:	¡Aaah! Nieto tierno, el fin del mundo es muy difícil de conocerlo, pues está lejos, lejos, lejos de aquí en donde vivimos.
El nieto:	Abuelita hermosa, ¿cuántos años necesita una persona para poder conocer el fin del mundo?
La abuela:	Pues bien hijo mío, es imposible decirte cuántos años tardará una persona para llegar al límite del mundo.
El nieto:	Abuelita mía, yo ya tengo cinco años ¿si hoy emprendo mi viaje me dará tiempo de llegar al límite del mundo y regresarme?
La abuela:	Hijo mío, sonriente como la luna, si tú hubieras salido de aquí cuando tenías cinco años de edad, tenías que caminar, caminar mucho, mucho tiempo para poder llegar al límite del mundo, y llegarías muy viejito, viejito, viejito, con tu bastón y te morirías sin poder regresar en la bella tierra que te vio nacer.
El nieto:	Abuelita hermosa, ¿cómo has aprendido tanta, tanta sabiduría que me has platicado?
La abuela:	Pues bien, todas estas noticias me han dejado de herencia tus bisabuelos, por eso las cuido como mis hijos y nietos.
El nieto:	Gracias abuelita Ángela, las herencias que me has dado las cuidaré y las guardaré como tú.

Morfemas del texto

nuk?a s?ɛbi nu xoñijɔmʉ
en donde/límite/ART/mundo
El fin del mundo

e b?ech?e:	i-ts?i-male-go, jaje s?ɛbi nu xoñijɔmʉ,
ART/nieto	1POS-REV-abuela-1ENF/dónde/límite/ART/mundo
El nieto:	Abuelita mía, ¿adónde está el fin del mundo?

jangekua fʉrʉ ñe jaje kjuarʉ nu xoñijɔmʉ.
dónde/comenzar/y/dónde/terminar/ART/mundo
¿En qué parte inicia y termina?

e tsʔi-male: jạ̜ạ̜ạ̜ i-tsʔi-bʔechʔe-go, na tsʔi-jotjo nzikja naja ndøjnø,
ART/REV-abuela ¡aaah!/1POS-REV-nieto-1ENF/DET/REV-hermoso/como/uno/flor
La abuela: ¡Aaah! Nieto mío, hermoso como una flor,

nukʔa sʔɛbi ne xoñijɔmʉ ngeje kʔa na jẹ̜ẹ̜, na jẹ̜ẹ̜, na jẹ̜ẹ̜
en donde/límite/ART/mundo/ser/en/DET/lejos/DET/lejos/DET/lejos
el límite del mundo está lejos, lejos, lejos

nukʔa ri-bʉnkjo-bi dya kʔo bi-sɔɔ ra-maa ñe ra-nžogʉ
en donde/1PRES-estar-DU/NEG/de/3IRREALIS-poder/3FUT-ir/y/3FUT-regresar
de nosotros, pues nadie podría ir y regresar

ra-nžodʉ-tjo.
3FUT-caminar-COMPL
caminando.

e bʔechʔe: i-tsʔi-male-go, na tsʔi-jotjo xitsi ja ra-kjaapʉ-go
1POS-REV-abuela-1ENF/DET/REV-hermoso/decir/cómo/1FUT-hacer-1ENF
Abuelita linda, ¿cómo haré

pa ra-sɔɔ ra-pørʉ-go jaje sʔɛbi nu xoñijɔmʉ.
para/3FUT-poder/1FUT-conocer-1ENF/donde/límite/ART/mundo
para conocer o llegar al fin del mundo?

e tsʔimale: jạ̜ạ̜ạ̜ i-tsʔi-bʔechʔe-go na mboxkʉ, nu sʔɛbi nu xoñijɔmʉ
¡aaah!/1POS-REV-nieto-lENF/DET/tierno/ART/límite/ART/mundo
¡Aaah! Nieto tierno, el fin del mundo

ngeje na sʔeži pa ra-pørʉ, nukʔa søtʔø
ser/DET/difícil/para/3FUT-conocer/en donde/llegar
es muy difícil de conocerlo, pues está

ngeje na jęę, na jęę, na jęę nukʔa jaje ri-bʉnkjo-bi.
ser/DET/lejos/DET/lejos/DET/lejos/en donde/donde/1PRES-estar-DU
lejos, lejos, lejos de aquí en donde vivimos.

e bʔechʔe: i-tsʔi-male-go na tsʔi-jotjo, janzįį yo kjɛɛ ra-meže
1POS-REV-abuela-1ENF/DET/REV-hermoso/cuántos/ART PL/
año/3FUT-necesitar
Abuelita hermosa, ¿cuántos años necesita

naja nte pa ra-sɔɔ ra-søtʔø jaje sʔɛbi nu xoñijɔmʉ.
uno/persona/para/3FUT-poder/3FUT-llegar/donde/límite/ART/mundo
una persona para poder conocer el fin del mundo?

e tsʔimale: jąąą i-tsʔi-tʔi-go, kʔo ri-sɔɔ ra-xitsi-tsʔʉ janzįį
¡aaah!/1POS-REV-hijo-1ENF/de/1PRES-poder/3FUT-decir-2OBJ/
cuántos
Pues bien hijo mío, es imposible decirte cuántos

kjɛɛ ra-meže naja nte pa ra-sɔɔ ra-søtʔø
año/3FUT-tardar/uno/persona/para/3FUT-poder/3FUT-llegar
años tardará una persona para llegar

nukʔa sʔɛbi nu xoñijɔmʉ.
en donde/límite/ART/mundo
al límite del mundo.

e bʔechʔe: i-tsʔi-male-go, nuzgo ya ri-pɛsʔi-go tsʔichʔa kjɛɛ
1POS-REV-abuela-1ENF/1PRON/ya/1PRES-tener-1ENF/cinco/año
Abuelita mía, yo ya tengo cinco años

numʉ ra-fʉrʉ-go dya ra-nžodʔʉ pa ra-søtʔø jaje sʔɛbi
cuando/3FUT-comenzar-1ENF/ahora/1FUT-caminar/para/3FUT-llegar/donde/límite
¿si hoy emprendo mi viaje me dará tiempo de llegar al límite

nu xoñijɔmʉ ra-sɔɔ ra-søtʔø-go ñe ra-nžogʉ-zʉ-go.
ART/mundo/3FUT-poder/3FUT-llegar-1ENF/y/3FUT-regresar-1OBJ-1ENF
del mundo y regresarme?

e ts?imale: i-ts?i-t?i-go, na xid?eže nzikja e ts?inana, numʉ nutsk?e
1POS-REV-hijo-1ENF/DET/risueño/como/ART/luna/cuando/2PRON
Hijo mío, sonriente como la luna, si tú

ri-pedye-ge ba numʉ mi-pɛs?i-ge ts?ich?a kjɛɛ,
2FUT-salir-2ENF/aquí/cuando/2IMPERF-tener-2ENF/cinco/año
hubieras salido de aquí cuando tenías cinco años de edad,

bi-pɛs?i-ge ri-nžod?ʉ, ri-nžod?ʉ na punkjʉ, na punkjʉ
2IRREALIS-tener-2ENF/2FUT-caminar/2FUT-caminar/DET/mucho/DET/mucho
tenías que caminar, caminar mucho, mucho

yo kjɛɛ pa ri-sɔɔ ri-søt?ø nuk?a s?ɛbi nu xoñijɔmʉ
ART PL/año/para/2FUT-poder/2FUT-llegar/en donde/límite/ART/mundo
tiempo para poder llegar al límite del mundo,

bi-søt?ø-ge ya ri ts?i-xita, ri ts?i-xita, ri ts?i-xita,
2IRREALIS-llegar-2ENF/ya/?/REV-viejo/?/REV-viejo/?/REV-viejo
y llegarías muy viejito, viejito, viejito,

ko i-chøjø ñe bi-chų̧ų̧-ge dyaka ri-nžogʉ
con/2POS-bastón/y/2IRREALIS-morir-2ENF/NEG/2FUT-regresar
con tu bastón y te morirías sin poder regresar

k?a nu na ts?i-jotjo jɔmʉ o-jñaak?ʉ-ts?ʉ jmuxk?ʉ.
en/ART/DET/REV-bonito/tierra/3PRET-ver-2OBJ/nacer
en la bella tierra que te vio nacer.

e b?ech?e: i-ts?i-male-go, na ts?i-jotjo jabi i-pør-ge
1POS-REV-abuela-1ENF/DET/REV-bonito/cómo/2PRET-conocer-2ENF
Abuelita hermosa, ¿cómo has aprendido

na punkjʉ, na punkjʉ yo pjørʉ nuk?o i-ñaakʉ-zʉ-tjo.
DET/mucho/DET/mucho/ART PL/sabiduría/lo que/2PRET-platicar-1OBJ-COMPL
tanta, tanta sabiduría que me has platicado?

e ts?imale: na joo, texi nujyo pjøʉ ri-ñaak?ʉ-ts?ʉ o-zokʉ-zʉ-tjo
DET/bien/todo/DEM/sabiduría/1PRES-platicar-2OBJ/3PRET-dejar-1OBJ-COMPL
Pues bien, todas estas noticias me han dejado

yo i-jøø-pale-ge, nga ri-fɔru-go na joo
ART PL/2POS-doble-abuelo-2POS/por eso/1PRES-cuidar-1ENF/DET/bien
de herencia tus bisabuelos, por eso las cuido

nzikja i-ch?i-go ñe i-b?ech?e-go.
como/1POS-hijo-1ENF/y/1POS-nieto-1ENF
como mis hijos y nietos.

e b?ech?e: pɔɔkjʉdya ts?i-male ts?i-anxe, yo pjøʉ i-dyakʉ-zʉ-ge
gracias/REV-abuela/REV-Ángela/ART PL/sabiduría/2PRET-dar-1OBJ-2ENF
Gracias abuelita Ángela, las herencias que me has dado

nuzgo ra-fɔrʉ-go na joo
1PRON/1FUT-cuidar-1ENF/DET/bien
las cuidaré

ñe ra-kjuat/ʉ-go na joo nzi-k/e.
/y/1FUT-guardar-1ENF/DET/bien/como-2PRON
y las guardaré como tú.

E ZICH?IT?I

1. ya paa na punkjʉ yo kjɛɛ k?a nu jñiñi na jñu̧u̧tjo e ts?itá ndojo na ndøø, na ts?ibinžøø na fʉxpa, mi bʉbʉ naja nana na jñu̧u̧tjo e mali. 2. nu xira mi bʉbʉ k?a nu tafɔrʉ k?a nu tajñiñi e oro idalgo. 3. ngenu bɛjña o nginchi ra maa ra zengua nu xira. 4. mi pɛs?i ra nžod?ʉ kjo nguaa dyoté ts?ich?a kilómetro, nijyod?ʉ ra mɛɛbi naja nté. 5. o nginchi ra zisi naja nu bɛjña mbechibʉntjobi. 6. akjanu o kjogʉ. 7. numʉ ya ra jyasʉ, o n?angʉbi numʉ o zʉnʉ ts?ich?a nu xo̧rʉ pa ra mbʉrʉbi nžod?ʉbi. 8. numʉ o kjogʉbi k?a naja mboot?eje jaje mi kjaa naja taxizaa o dyørøbi nu k?agʉ naja ts?it?i. 9. ñe o nguat?ʉbi nzayejebí yo bɛjñabi k?a nu zaa

kʔa jaje o jñandʉbi naja bɛjña mi jụrụtjo kʔa naja dyɛɛxizaa kua mi ngobʉtjo nu ñii kjo naja jotjo bøtʔø, ko naja kježe xidyo na tsiji na mbaja. 10. ñe naja nu bɛjña o dyonʉ 11. fe i kjaa kʔa nu zaa 12. o ndʉrʉ 13. anuba ri saya, jaje o zʉkʉzʉ nu nžoo, dya kja o sɔɔ ra maa kʔa i nzumʉgó, kja ra xọrʉ ra nžọgʉ numʉ ra ndeʔe xomʉ. 14. e nana mali ñe nu ñʔojui o jñandʉbi nu zichʔitʔi mi kiji yo ndɔɔ nzi mixi, yeje juaja jokʉ kjo zɛxifi, yeje nguaʔa nzi øjnø ñe naja tsʔiʔbarʉ kjo kjii mi tusʔʉ kʔa nu dyɛɛ. 15. mi ngeje nu kjii kjo nu tsʔitʔi nukʔʉ bi zichʔitjo kʔa naja xomʉ ya bi kjogʉ ñe bi zʉrʉtjo naja bi gwɛɛ nu chareʔ dya kjaa jyɛzi ra masogʉ pa ra maa kʔa nu ngumʉ, 16. ya ngenu ora yepé bʉbʉ e tsʔitajense ñe e mbønte dya kjaa sɔɔ ra tsjaa na sʔoo.

TRADUCCIÓN

La bruja

1. Hace muchos años en el poblado de San Pedro el Alto, Temascalcingo, vivía una señora llamada María. 2. Su esposo estaba encarcelado en el distrito El Oro de Hidalgo. 3. Esta mujer pensó ir a visitar a su marido. 4. Pero tenía que caminar a pie 25 kilómetros, pues era necesario que alguien la acompañara. 5. Decidió invitar a una de sus vecinas. 6. Así sucedió. 7. Al día siguiente, se levantaron a las cinco de la mañana para emprender sus caminatas. 8. Pero al cruzar un lugar boscoso en donde estaba un gigantesco encino escucharon el llanto de un niño. 9. Y se acercaron ambas mujeres al árbol en donde vieron una mujer sentada en una de las ramas del árbol que tenía cubierta la cabeza con un hermoso quexquémetl, una falda de lana teñida de rojo. 10. Y una de las mujeres preguntó: 11. ¿Qué haces en el árbol? 12. Contestó: 13. Aquí descanso, en donde se me hizo tarde, ya no pude ir a mi casa, hasta mañana regresaré por la media noche. 14. La señora María y su vecina observaron a la bruja que tenía unos ojos que parecían de gato, dos alas hechas con petates viejos, dos patas que se asemejaban de guajolote y una jarrita con sangre que llevaba en la mano. 15. Era la sangre de un niño que había chupado la noche anterior y le había sorprendido el primer canto de gallo que le impidió volar para ir a su casa, 16. ya que a esta hora vuelve a nacer Dios y el demonio ya no puede realizar sus fechorías.

Morfemas del texto

e zichʔitʔi
ART/bruja
La bruja

1. ya paa na punkjʉ yo kjɛɛ
ya/ir/DET/mucho/ART PL/año

kʔa nu jñiñi na jñu̜u̜-tjo e tsʔi-tá ndojo na ndøø,
en/ART/pueblo/DET/nombre-COMPL/ART/REV-señor/piedra/DET/alto

na tsʔi-binžøø na fʉxpa,
DET/REV-baño/DET/vapor

mi-bʉbʉ naja nana na jñu̜u̜-tjo e mali.
3IMPERF-vivir/uno/señora/DET/nombre-COMPL/ART/María

1. Hace muchos años en el poblado de San Pedro el Alto, Temascalcingo, vivía una señora llamada María.

2. nu xira mi-bʉbʉ kʔa nu ta-fɔrʉ kʔa nu ta-jñiñi e oro idalgo.
ART/esposo/3IMPERF-estar/en/ART/AUM-cárcel/en/ART/AUM-pueblo/ART/Oro/Hidalgo

2. Su esposo estaba encarcelado en el distrito El Oro de Hidalgo.

3. ngenu bɛjña o-nginchi ra-maa ra-zengua nu xira.
DEM/mujer/3PRET-pensar/3FUT-ir/3FUT-saludar/ART/esposo

3. Esta mujer pensó ir a visitar a su marido.

4. mi-pɛsʔi ra-nžodʔʉ kjo nguaa dyoté tsʔichʔa kilómetro,
3IMPERF-tener/3FUT-caminar/de/pie/veinte/cinco/kilómetro

nijyodʔʉ ra-mɛɛ-bi naja nté.
necesario/3FUT-acompañar-DU/uno/persona

4. Pero tenía que caminar a pie 25 kilómetros, pues era necesario que alguien la acompañara.

5. o-nginchi ra-zisi naja nu bɛjña mbechi-bʉn-tjo-bi.
3PRET-pensar/3FUT-llevar/uno/ART/mujer/cerca-vivir-COMPL-DU

5. Decidió invitar a una de sus vecinas.

6. akjanu o-kjogʉ.
así/3PRET-pasar

6. Así sucedió.

7. numʉ ya ra-jyasʉ,
cuando/ya/3FUT-amanecer

o-nʔangʉ-bi numʉ o-zʉnʉ tsʔichʔa nu xo̜rʉ
3PRET-levantarse-DU/cuando/3PRET-sonar/cinco/ART/mañana

pa ra-mbʉrʉ-bi nžodʔʉ-bi.
para/3FUT-empezar-DU/caminar-DU

7. Al día siguiente, se levantaron a las cinco de la mañana para emprender sus caminatas.

8. numʉ o-kjogʉ-bi kʔa naja mboo-tʔeje
cuando/3PRET-pasar-DU/en/uno/tupido-monte

jaje mi-kjaa naja ta-xizaa
donde/3IMPERF-haber/uno/AUM-árbol

o-dyørø-bi nu kʔagʉ naja tsʔi-tʔi.
3PRET-oír-DU/ART/llanto/uno/REV-niño

8. Pero al cruzar un lugar boscoso en donde estaba un gigantesco encino escucharon el llanto de un niño.

9. ñe o-nguatʔʉ-bi nzayeje-bí yo bɛjña-bi kʔa nu zaa
y/3PRET-acercarse-DU/ambas-DU/ART PL/mujer-DU/en/ART/árbol

kʔa jaje o-jñandʉ-bi naja bɛjña mi-jų̧rų̧-tjo
en/donde/3PRET-ver-DU/uno/mujer/3IMPERF-sentarse-COMPL

kʔa naja dyɛɛxizaa
en/uno/rama

kua mi-ngobʉ-tjo nu ñii kjo naja jotjo bøtʔø,
énfasis/3IMPERF-cubrir-COMPL/ART/cabeza/de/uno/hermoso/quexquémetl

ko naja kježe xidyo na tsiji na mbaja.
con/uno/enagua/lana/DET/color/DET/rojo

9. Y se acercaron ambas mujeres al árbol en donde vieron una mujer sentada en una de las ramas del árbol que tenía cubierta la cabeza con un hermoso quexquémetl, una falda de lana teñida de rojo.

10. ñe naja nu bɛjña o-dyonʉ
y/uno/ART/mujer/3PRET-preguntar

10. Y una de las mujeres preguntó:

11. fe i-kjaa kʔa nu zaa
qué/2PRES-hacer/en/ART/árbol

11. ¿Qué haces en el árbol?

12. o-ndʉrʉ
3PRET-contestar

12. Contestó:

13. anuba ri-saya,
aquí/1PRES-descansar

jaje o-zʉkʉ-zʉ nu nžoo,
donde/3PRET-alcanzar-1OBJ/ART/tarde

dya kja o-sɔɔ ra-maa kʔa i-nzumʉ-gó,
no/TEMP/3PRET-poder/3FUT-ir/en/1POS-casa-1ENF

kja ra xǫrʉ ra-nžǫgʉ
TEMP/ART/mañana/1FUT-regresar

numʉ ra nde?e xomʉ.
cuando/ART/media/noche

13. Aquí descanso, en donde se me hizo tarde, ya no pude ir a mi casa, hasta mañana regresaré por la media noche.

14. e nana mali ñe nu ñ?ojui
ART/señora/María/y/ART/compañera

o-jñandʉ-bi nu zich?it?i
3PRET-ver-DU/ART/bruja

mi-kiji yo ndɔɔ nzi mixi,
3IMPERF-traer/ART PL/ojo/como/gato

yeje juaja jokʉ kjo zɛ-xifi,
dos/ala/componer/con/viejo-petate

yeje ngua?a nzi øjnø
dos/pie/como/guajolote

ñe naja ts?i-?barʉ kjo kjii
y/uno/DIM-jarro/con/sangre

mi-tus?ʉ k?a nu dyɛɛ.
3IMPERF-llevar/en/ART/mano

14. La señora María y su vecina observaron a la bruja que tenía unos ojos que parecían de gato, dos alas hechas con petates viejos, dos patas que se asemejaban de guajolote y una jarrita con sangre que llevaba en la mano.

15. mi-ngeje nu kjii kjo nu ts?i-t?i
3IMPERF-ser/ART/sangre/con/ART/DIM-niño

nukʔʉ bi-zichʔi-tjo kʔa naja xomʉ
que/3IRREALIS-chupar-COMPL/en/una/noche

ya bi-kjogʉ ñe bi-zʉrʉ-tjo naja bi-gwɛɛ nu chareʔ
ya/3IRREALIS-pasar/y/?IRREALIS-alcanzar-COMPL/uno/?IRREALIS-llorar/ART/gallo

dya kjaa jyɛzi ra-masogʉ
no/hacer/dejar/3FUT-volar

pa ra-maa kʔa nu ngumʉ,
para/3FUT-ir/en/ART/casa

15. Era la sangre de un niño que había chupado la noche anterior y le había sorprendido el primer canto de gallo que le impidió volar para ir a su casa,

16. ya ngenu ora
ya/DEM/hora

yepé bʉbʉ e tsʔi-ta-jense
repetir/vivir/ART/REV-señor-cielo

ñe e mbønte dya kjaa sɔɔ ra-tsjaa na sʔoo.
y/ART/hombre maligno/no/hacer/poder/3FUT-hacer/DET/maldad

16. ya que a esta hora vuelve a nacer Dios y el demonio ya no puede realizar sus fechorías.

CONVERSACIÓN

C: Celestino Cárdenas Martínez
H: Herminia Ángela Pacheco Reyes

C: Buenos días tía
kjimi zizi
Dios/tía

H: Buenos días señor
kjimi nda se
Dios/REV/hermano

C: ¿Cómo amaneció ahora?
jabi jyasʉ dya
cómo/amanecer/ahora

H: Amanecí bien. ¿Y tú cómo amaneciste?
ri-jyasʉ na tsi-joo xo jyas-kʔ na nda se
1PRES-amanecer/DET/REV-bueno/también/amanecer-2OBJ/DET/REV/hermano

Como está muy frío me tengo que aguantar
komo na sɛɛ pɛsʔi ra-guanta
como/DET/frío/tener/1FUT-aguantar

Hasta que sale el sol nos calentamos
ngemu ra-zaa nu jyarʉ ka ra-paatʔʉ-jí
hasta ese momento/3FUT-llegar/ART/sol/hasta/1FUT-calentarse-PL INCL

C: ¿A dónde viene?
ja bi-ñʔeje
dónde/2IRR-venir

H: Vengo del centro
ba eje a sentro
movt rev[?]/venir/a/centro

Fuimos a la clínica a juntar basura
ro-maa a klínika ro-pechij-mé basura
1PRET-ir/a/clínica/1PRET-juntar-PL EXCL/basura

Porque el doctor no quiere que se riegue la basura
porke nu doktor dya ne ra-mbøtʔʉ nu basura
porque/ART/doctor/NEG/querer/3FUT-regar/ART/basura

Caminamos en la calle
ro-nžodʔʉ-mé por kaye
1PRET-caminar-PL EXCL/por/calle

C: ¿Ya terminaron?
ya kuari-jí
ya/terminar-PL INCL

H: Ya terminamos
ya ro-kuaru-mé
ya/1PRET-terminar-PL EXCL

C: Gracias que nos saludan
pokjʉ i-zengua-zʔʉ-mé
gracias/2PRES-saludar-1OBJ-PL EXCL

H: Sí un ratito
ja̧ tsi-ndame
sí/DIM-rato

Un rato los saludamos
nga ro-zenga-tsʔʉ-mé
por eso/1PRET-saludar-2OBJ-PL EXCL

C: Ya nos vemos
ya ra-jyasʉ-jí
ya/1FUT-amanecer-PL INCL

SINTAXIS

1. Esta casa es grande.
ngenu ngumʉ ngeje na nojo
DEM/casa/ser/DET/grande

Esta casa no es grande.
ngenu ngumʉ dya ngeje na nojo
DEM/casa/NEG/ser/DET/grande

Esta casa es chica.
ngenu ngumʉ ngeje na tsʔʉka
DEM/casa/ser/DET/chico

Esta casa no es chica.
ngenu ngumʉ dya ngeje na tsʔʉka
DEM/casa/NEG/ser/DET/chico

Esta casa es nueva.
ngenu ngumʉ ngeje na dʔádyo
DEM/casa/ser/DET/nuevo

Esta casa no es nueva.
ngenu ngumʉ dya ngeje na dʔádyo
DEM/casa/NEG/ser/DET/nuevo

Esta casa es vieja.
ngenu ngumʉ ngeje na zɛje
DEM/casa/ser/DET/viejo

Esta casa no es vieja.
ngenu ngumʉ dya ngeje na zɛje
DEM/casa/NEG/ser/DET/viejo

Esta casa es blanca.
ngenu ngumʉ ngeje na tɔxʉ
DEM/casa/ser/DET/blanco

Esta casa no es blanca.
ngenu ngumʉ dya ngeje na tɔxʉ
DEM/casa/NEG/ser/DET/blanco

2. ¿Cómo es esa casa?
jaba ngejenu ngumʉ
cómo/DEM/casa

3. ¿Qué tan grande es esa casa?
fe na ta-nojo ngejenu ngumʉ
qué/DET/AUM-grande/DEM/casa

4. ¿Es nueva esa casa?
ngeje na dʔádyo ngejenu ngumʉ
ser/DET/nuevo/DEM/casa

5. Sí, es nueva.
ją̆, ngeje na dʔádyo
sí/ser/DET/nuevo

6. No, no es nueva.
io, dya ngeje na dʔádyo
no/NEG/ser/DET/nuevo

7. Sí.
ją̆

No.
dya

8. Yo soy alto.
nuzgó ri-ngéje na ndø-zʉ
1PRON/1PRES-ser/DET/alto-1P

Tú eres alto. Usted es alto.
nútskʔe i-ngéje na ndø-tsʔʉ
2PRON/2PRES-ser/DET/alto-2P

Él es alto. Ella es alta.
angézé na ndø
3PRON/DET/alto

Nosotros somos altos (dual exclusivo).
nuzgó-bʔé ri-ngéje-bʔé na ndø-zʉ-bʔé
1PRON-DU EXCL/1PRES-ser-DU EXCL/DET/alto-1P-DU EXCL

Nosotros somos altos (dual inclusivo).
nuzgó-bí ri-ngéje-bí na ndø-zʉ-bí
1PRON-DU INCL/1PRES-ser-DU INCL/DET/alto-1P-DU INCL

Nosotros somos altos (plural exclusivo).
nuzgó-mé ri-ngéje-go-mé na ndø-zʉ-go-mé
1PRON-PL EXCL/1PRES-ser-1ENF-PL EXCL/DET/alto-1P-1ENF-PL EXCL

Nosotros somos altos (plural inclusivo).
nuzgó-jí ri-ngéje-jí na ndø-zʉ-jí
1PRON-PL INCL/1PRES-ser-PL INCL/DET/alto-1P-PL INCL

Ustedes son altos (dual).
nútskʔe bí i-ngéje-bí na ndø-tsʔu-bí
2PRON-DU/2PRES-ser-DU/DET/alto-2P-DU

Ustedes son altos (plural).
nútskʔe-jí i-ngéje-jí na ndø-tsʔʉ-jí
2PRON-PL/2PRES-ser-PL/DET/alto-2P-PL

Ellos son altos (dual).
angézé-wí na ndø-wí
3PRON-DU/DET/alto-DU

Ellos son altos (plural).
angézé-jí na ndø-jí
3PRON-PL/DET/alto-PL

Yo soy chaparro.
nuzgó ri-ngeje na ndonbe-zʉ
1PRON/1PRES-ser/DET/chaparro-1P

Tú eres chaparro.
nútskʔe i-ngeje na ndonbe-tsʔʉ
2PRON/2PRES-ser/DET/chaparro-2P

Él es chaparro.
angézé na donbe
3PRON/DET/chaparro

Nosotros somos chaparros (dual exclusivo).
nuzgó-bʔé ri-ngeje-bʔé na ndonbe-zʉ-bʔé
1PRON-DU EXCL/1PRES-ser-DU EXCL/DET/chaparro-1P-DU EXCL

Nosotros somos chaparros (dual inclusivo).
nuzgó-bí ri-ngeje-bí na ndonbe-zʉ-bí
1PRON-DU INCL/1PRES-ser-DU INCL/DET/chaparro-1P-DU INCL

Nosotros somos chaparros (plural exclusivo).
nuzgó-mé ri-ngeje-go-mé na ndonbe-zʉ-go-mé
1PRON-PL EXCL/1PRES-ser-1ENF-PL EXCL/DET/chaparro-1P-1ENF-PL EXCL

Nosotros somos chaparros (plural inclusivo).
nuzgó-jí ri-ngeje-go-jí na ndonbe-zʉ-go-jí
1PRON-PL INCL/1PRES-ser-1ENF-PL INCL/DET/chaparro-1P-1ENF-PL INCL

Ustedes son chaparros (dual).
nútskʔe-bí i-ngeje-bí na ndonbe-tsʔʉ-bí
2PRON-DU/2PRES-ser-DU/DET/chaparro-2P-DU

Ustedes son chaparros (plural).
nútskʔe-jí i-ngeje-jí na ndonbe-tsʔʉ-jí
2PRON-PL/2PRES-ser-PL/DET/chaparro-2P-PL

Ellos son chaparros (dual).
angézé-wí ngeje-wí na donbe-wí
3PRON-DU/ser-DU/DET/chaparro-DU

Ellos son chaparros (plural).
angézé-jí ngeje-jí na donbé-jí
3PRON-PL/ser-PL/DET/chaparro-PL

Yo soy gordo.
nuzgó ri-ngeje na nojo-zʉ́
1PRON/1PRES-ser/DET/gordo-1P

Tú eres gordo.
nútskʔe i-ngeje na nojo-tsʔʉ
2PRON/2PRES-ser/DET/gordo-2P

Él es gordo.
angézé ngeje na nojo
3PRON/ser/DET/gordo

Nosotros somos gordos (dual exclusivo).
nuzgó-bʔé ri-ngeje-bʔé na nojo-zʉ-bʔé
1PRON-DU EXCL/1PRES-ser-DU EXCL/DET/gordo-1P-DU EXCL

Nosotros somos gordos (dual inclusivo).
nuzgó-bí ri-ngeje-bí na nojo-zʉ-bí
1PRON-DU INCL/1PRES-ser-DU INCL/DET/gordo-1P-DU INCL

Nosotros somos gordos (plural exclusivo).
nuzgó-mé ri-ngeje-go-mé na nojo-zʉ-go-mé

1PRON-PL EXCL/1PRES-ser-1ENF-PL EXCL/DET/gordo-1P-1ENF-PL EXCL

Nosotros somos gordos (plural inclusivo).
nuzgó-jí ri-ngeje-go-jí na no-zʉ-jí
1PRON-PL INCL/1PRES-ser-1ENF-PL INCL/DET/gordo-1P-PL INCL

Ustedes son gordos (dual).
nútskʔe-bí i-ngeje-bí na no-tsʔʉ-bí
2PRON-DU/2PRES-ser-DU/DET/gordo-2P-DU

Ustedes son gordos (plural).
nútskʔe-jí i-ngeje-jí na no-tsʔʉ-jí
2PRON-PL/2PRES-ser-PL/DET/gordo-2P-PL

Ellos son gordos (dual).
angézé-wí ngeje-wí na nojo-wí
3PRON-DU/ser-DU/DET/gordo-DU

Ellos son gordos (plural).
angézé-jí ngeje-jí na nojo-jí
3PRON-PL/ser-PL/DET/gordo-PL

Yo soy flaco.
nuzgó ri-ngeje-zʉ na ndodye-zʉ
1PRON/1PRES-ser-1P/DET/hueso (flaco)-1P

Tú eres flaco.
nútskʔe i-ngeje-kʔe na ndodye-tsʔʉ
2PRON/2PRES-ser-2P/DET/hueso (flaco)-2P

Él es flaco.
angézé ngeje na dodye
3PRON/ser/DET/hueso (flaco).

Nosotros somos flacos (dual exclusivo).
nuzgó-bʔé ri-ngeje-bʔé na ndodye-zʉ-bʔé
1PRON-DU EXCL/1PRES-ser-DU EXCL/DET/hueso (flaco)-1P-DU EXCL

Nosotros somos flacos (dual inclusivo).
nuzgó-bí ri-ngeje-bí na ndodye-zʉ-bí
1PRON-DU INCL/1PRES-ser-DU INCL/DET/hueso (flaco)-1P-DU INCL

Nosotros somos flacos (plural exclusivo).
nuzgó-mé ri-ngeje-go-mé na ndodye-zʉ-go-mé
1PRON-PL EXCL/1PRES-ser-1ENF-PL EXCL/DET/hueso (flaco)-1P-1ENF-PL EXCL

Nosotros somos flacos (plural inclusivo).
nuzgó-jí ri-ngeje-go-jí na ndodye-zʉ-jí
1PRON-PL INCL/1PRES-ser-1ENF-PL INCL/DET/hueso (flaco)-1P-PL INCL

Ustedes son flacos (dual).
nútskʔe-bí i-ngeje-bí na ndodye-tsʔʉ-bí
2PRON-DU/2PRES-ser-DU/DET/hueso (flaco)-2P-DU

Ustedes son flacos (plural).
nútskʔe-jí i-ngeje-jí na ndodye-tsʔʉ-jí
2PRON-PL/2PRES-ser-PL/DET/hueso (flaco)-2P-PL

Ellos son flacos (dual).
angézé-bí ngeje-bí na dodye-bí
3PRON-DU/ser-DU/DET/hueso (flaco)-DU

Ellos son flacos (plural).
angézé-jí ngeje-jí na dodye-jí
3PRON-PL/ser-PL/DET/hueso (flaco)-PL

9. Mi casa es grande.
i-nzumʉ-go ngeje na nojo
1POS-casa-1ENF/ser/DET/grande

Tu casa es grande.
i-nzumʉ-ge ngeje na nojo
2POS-casa-2ENF/ser/DET/grande

La casa de él es grande.
nu ngumʉ angézé ngeje na nojo
ART/casa/3PRON/ser/DET/grande

Nuestra casa es grande (dual exclusivo).
i-nzʉmʉ-go-bʔé ngeje na nojo
1POS-casa-1ENF-DU EXCL/ser/DET/grande

Nuestra casa es grande (dual inclusivo).
i-nzʉmʉ-go-bí ngeje na nojo
1POS-casa-1ENF-DU INCL/ser/DET/grande

La casa de ustedes es grande (dual).
i-nzumʉ-ge-bí nútskʔe-bí ngeje na nojo
2POS-casa-2ENF-DU/2PRON-DU/ser/DET/grande

La casa de ustedes es grande (plural).
i-nzumʉ-ge-jí nútskʔe-jí ngeje na nojo
2POS-casa-2ENF-PL/2PRON-PL/ser/DET/grande

La casa de ellos es grande (dual).
nu ngumʉ angézé-wí ngeje na nojo
ART/casa/3PRON-DU/ser/DET/grande

La casa de ellos es grande (plural).
nu ngumʉ angézé-jí ngeje na nojo
ART/casa/3PRON-PL/ser/DET/grande

Mis metates son grandes.
yo i-tsʉnʉ-go ngeje-jí na nojo-jí
ART PL/1POS-metate (poseído)-1ENF/ser-PL/DET/grande-PL

Tus metates son grandes.
yo tsʉnʉ-ge i-ngeje-jí na nojo-jí
ART PL/metate (poseído)-2ENF/2PRES-ser-PL/DET/grande-PL

Los metates de ella son grandes.
yo kʉnʉ kʔo angézé ngeje-jí na nojo-jí
ART PL/metate/de/3PRON/ser-PL/DET/grande-PL

Nuestros metates son grandes (dual exclusivo).
i-tsʉnʉ-go-bʔé ngeje-jí na nojo-jí
1POS-metate (poseído)-1ENF-DU EXCL/ser-PL/DET/grande-PL

Nuestros metates son grandes (dual inclusivo).
i-tsʉnʉ-go-bí ngeje-jí na nojo-jí
1POS-metate (poseído)-1ENF-DU INCL/ser-PL/DET/grande-PL

Los metates de ustedes son grandes (dual).
yo i-tsʉnʉ-kʔe-bí i-ngeje-jí na nojo-jí
ART PL/2POS-metate (poseído)-2ENF-DU/2PRES-ser-PL/DET/grande-PL

Los metates de ustedes son grandes (plural).
yo i-tsʉnʉ-kʔe-jí i-ngeje-jí na nojo-jí
ART PL/2POS-metate (poseído)-2ENF-PL/2PRES-ser-PL/DET/grande-PL

Los metates de ellos son grandes (dual).
yo kʉnʉ kʔo angézé-wí ngeje-jí na nojo-jí
ART PL/metate/de/3PRON-DU/ser-PL/DET/grande-PL

Los metates de ellos son grandes (plural).
yo kʉnʉ kʔo angézé-jí ngeje-jí na nojo-jí
ART PL/metate/de/3PRON-PL/ser-PL/DET/grande-PL

10. El chile es rojo.
nu ii ngeje na mbaja
ART/chile/ser/DET/rojo

11. Los chiles ya están rojos.
yo ii ya bʉbʉ-jí na mbaja
ART PL/chile/ya/estar-PL/DET/rojo

12. Los chiles todavía no están rojos.
yo ii dyabʔe bʉbʉ-jí na mbaja
ART PL/chile/todavía/estar-PL/DET/rojo

13. Ese árbol es grande.
ngejenu zaa ngeje na nojo
DEM/árbol/ser/DET/grande

14. Ese árbol va a ser grande.
ngejenu zaa ra-ngeje ra-tee na nojo
DEM/árbol/3FUT-ser/3FUT-crecer/DET/grande

15. Ese árbol ya era grande (cuando vinimos aquí).
ngejenu zaa ya mi-ngeje na nojo
DEM/árbol/ya/3IMPERF-ser/DET/grande

16. Ese árbol se volvió grande.
ngejenu zaa ó-pɔrʉ na nojo
DEM/árbol/3PRET-cambiar/DET/grande

17. Los chiles se van a volver rojos.
yo ii ra-pɔrʉ-jí na mbaja
ART PL/chile/3FUT-cambiar-PL/DET/rojo

18. Este sombrero es igual al tuyo.
ngenu tjʉnsʉ ngeje chɛtjo-bí i-tsjaa-ge
DEM/sombrero/ser/igual-DU/2PRES-hacer-2ENF

Este sombrero no es igual al tuyo.
ngenu tjʉnsʉ dya ngeje chɛtjo-bí i-tsjaa-ge
DEM/sombrero/NEG/ser/igual-DU/2PRES-hacer-2ENF

19. Estos sombreros son diferentes.
ngeyo tjʉnsʉ ngeje-jí na nʔaño-jí
DEM PL/sombrero/ser-PL/DET/diferente-PL

20. ¿De qué color es esa enagua?
fema tsiji ngejenu kježe
INTERR/color/DEM/falda

21. Esa enagua es blanca y negra.
ngejenu kježe ngeje na tʔɔxʉ ñe na potjʉ
DEM/enagua/ser/DET/blanco/y/DET/negro

22. ¿Tu caballo es negro o blanco?
i-fadʔʉ-ge ngeje na potjʉ ñe na tʔɔxʉ
2POS-caballo-2ENF/ser/DET/negro/y/DET/blanco

23. Mi caballo no es negro ni blanco, es bayo.
i-fadʔʉ-go dya ngeje na potjʉ ni na tʔɔxʉ ngeje na tʔɔxʉ na kʔaxtʔʉ
1POS-caballo-1ENF/NEG/ser/DET/negro/ni/DET/blanco/ser/DET/blanco/
DET/amarillo

24. ¿Cómo está la comida?
jaba kjaa nu jñonʉ
cómo/hacer/ART/comida

25. La comida está caliente.
nu jñonʉ bʉbʉ na pa
ART/comida/estar/DET/caliente

La comida está fría.
nu jñonʉ bʉbʉ na sɛɛ
ART/comida/estar/DET/frío

26. El agua está muy fría.
nu ndeje bʉbʉ me na sɛɛ
ART/agua/estar/muy/DET/frío

El agua está bastante fría.
nu ndeje bʉbʉ na punkjʉ na sɛɛ
ART/agua/estar/DET/mucho/DET/frío

El agua está demasiado fría.
nu ndeje bʉbʉ na punkjʉ na sɛɛ
ART/agua/estar/DET/mucho/DET/frío

27. La olla está sucia.
nu sʔʉbʉ bʉbʉ na poxʉ
ART/olla/estar/DET/sucio

Esa olla no está sucia.
ngejenu sʔʉbʉ dya bʉbʉ na poxʉ
DEM/olla/NEG/estar/DET/sucio

Esa olla está limpia.
ngejenu sʔʉbʉ bʉbʉ na jyasʉ
DEM/olla/estar/DET/limpio

Esa olla no está limpia.
ngejenu sʔʉbʉ dya bʉbʉ na jyasʉ
DEM/olla/NEG/estar/DET/limpio

28. El pueblo está cerca de aquí.
nu jñiñi bʉbʉ na bʔextjo anuba
ART/pueblo/estar/DET/cerca/aquí

El pueblo está lejos de aquí.
nu jñiñi bʉbʉ na jee anuba
ART/pueblo/estar/DET/lejos/aquí

29. ¿Está lejos el pueblo?
bʉbʉ na jee nu jñiñi
estar/DET/lejos/ART/pueblo

30. Juan está ahora en Toluca.
e xuba bʉbʉ nudya a zʉmi
ART REV/Juan/estar/ahora/en/Toluca

31. ¿Dónde está Juan ahora?
jaje bʉbʉ e xuba nudya
dónde/estar/ART REV/Juan/ahora

32. ¿Ahora está en Toluca?
nudya bʉbʉ a zʉmi
ahora/estar/en/Toluca

33. ¿En Toluca es donde está?
a zʉmi ngeje jaje bʉbʉ
en/Toluca/ser/donde/estar

34. Ayer Juan estuvo en Toluca.
minžøø e xuba o-bʉbʉ a zʉmi
ayer/ART REV/Juan/3PRET-estar/en/Toluca

35. ¿Dónde estuvo Juan ayer?
jaje o-bʉbu e xuba minžøø
dónde/3PRET-estar/ART REV/Juan/ayer

36. ¿Dónde está tu papá?
jaje bʉbʉ ni-jyoo-ge
dónde/estar/2POS-papá-2ENF

37. ¿Tu papá está en la casa?
ni-jyoo-ge bʉbʉ kʔa nu ngumʉ
2POS-papá-2ENF/estar/en/ART/casa

¿Tu papá no está en la casa?
ni-jyoo-ge dya bʉbʉ kʔa nu ngumʉ
2POS-papá-2ENF/NEG/estar/en/ART/casa

38. Mi papá está en la casa.
mi-jyoo-go bʉbʉ kʔa nu ngumʉ
1POS-papá-1ENF/estar/en/ART/casa

Mi papá no está en la casa.
mi-jyoo-go dya bʉbʉ kʔa nu ngumʉ
1POS-papá-1ENF/NEG/estar/en/ART/casa

39. Mi papá siempre está en la casa.
mi-jyoo-go texi yo paa bʉbʉ kʔa nu ngumʉ
1POS-papá-1ENF/todo/ART PL/día/estar/en/ART/casa

40. Mi papá no está en la milpa.
mi-jyoo-go dya bʉbʉ kʔa nu juzmʉ
1POS-papá-1ENF/NEG/estar/en/ART/milpa

Mi papá está en el mercado.
mi-jyoo-go bʉbʉ kʔa nu chomʉ
1POS-papá-1ENF/estar/en/ART/mercado

Mi papá está en el río.
mi-jyoo-go bʉbʉ kʔa nu ndare
1POS-papá-1ENF/estar/en/ART/río

41. Mi papá está con don Manuel.
mi-jyoo-go bʉbʉ ko e tata manué
1POS-papá-1ENF/estar/con/ART REV/señor/Manuel

42. ¿Con quién está tu papá?
kjongeje bʉbʉ-bí ni-jyoo-ge
quién/estar-DU/2POS-papá-2ENF

43. ¿Está tu papá? (Dicho fuera de la casa.)
bʉbʉ ni-jyoo-ge
estar/2POS-papá-2ENF

44. ¿Dónde está la olla?
jaje bʉbʉ nu sʔøbʔø
dónde/estar/ART/olla

¿Dónde está el machete?
jaje bʉbʉ nu pone-tjɛdji
dónde/estar/ART/curvo-cuchillo

45. La olla está en el suelo.
nu sʔøbʔø bʉbʉ kʔa nu jɔmʉ
ART/olla/estar/en/ART/suelo

El machete está en el suelo.
nu pone-tjɛdji bʉbʉ kʔa nu jɔmʉ
ART/curvo-cuchillo/estar/en/ART/suelo

La olla está en ese rincón.
nu sʔøbʔø bʉbʉ kʔa nu rinkó
ART/olla/estar/en/ART/rincón

El machete está en ese rincón.
nu pone-tjɛdji bʉbʉ kʔa nu rinkó
ART/curvo-cuchillo/estar/en/ART/rincón

46. La olla está junto al comal.
nu sʔøbʔø bʉbʉ-bí ko nu ndedye
ART/olla/estar-DU/con/ART/comal

47. ¿Dónde está el perro?
jaje bʉbʉ nu dyoo
dónde/estar/ART/perro

48. Está fuera de la casa.
bʉbʉ atjiʔi nu ngumʉ
estar/afuera/ART/casa

Está dentro de la casa.
bʉbʉ amboʔo kʔo nu ngumʉ
estar/adentro/de/ART/casa

49. ¿Dónde está la iglesia?
jaje bʉbʉ nu nʔitzjimi
dónde/estar/ART/iglesia

¿Dónde está el mercado?
jaje bʉbʉ nu chomʉ
dónde/estar/ART/mercado

¿Dónde está tu casa?
jaje bʉbʉ i-nzumʉ-ge
dónde/estar/2POS-casa (poseído)-2ENF

50. La iglesia está enfrente de aquella casa.
nu nʔitzjimi bʉbʉ kʔa nu jmii kʔo ngejenunu ngumʉ
ART/iglesia/estar/en/ART/frente/de/DEM/casa

51. La iglesia está más adelante.
nu nʔitzjimi bʉbʉ mø axoñi
ART/iglesia/estar/más/adelante

52. ¿Dónde está el corral de los guajolotes?
jaje bʉbʉ nu ngu-øjnø
dónde/estar/ART/casa-guajolote

¿Dónde está el corral de los bueyes?
jaje bʉbʉ nu ngu-nžønø
dónde/estar/ART/casa-buey

¿Dónde está el corral de los caballos?
jaje bʉbʉ nu ngu-fadʔʉ
dónde/estar/ART/casa-caballo

53. El corral de los guajolotes está atrás de la casa.
nu ngu-øjnø bʉbʉ axʉtjʉ kʔa nu ngumʉ
ART/casa-guajolote/estar/atrás/en/ART/casa

El corral de las chivas está atrás de la casa.
nu ngu-chiba bʉbʉ axʉtjʉ kʔa nu ngumʉ
ART/casa-chiva/estar/atrás/en/ART/casa

El corral de los guajolotes está adelante de la casa.
nu ngu-øjnø bʉbʉ axoñi kʔa nu ngumʉ
ART/casa-guajolote/estar/delante/en/ART/casa

El corral está junto a la casa.
nu ngu-øjnø bʉbʉ-bí kʔa nu ngumʉ
ART/casa-guajolote/estar-DU/en/ART/casa

54. La ropa está en el baúl.
nu bitu bʉbʉ kʔa nu kaja
ART/ropa/estar/en/ART/caja

55. Los frijoles están en la olla.
yo sʔʉnkjʉ bʉbʉ-jí kʔa nu sʔøbʔø
ART PL/frijol/estar-PL/en/ART/olla

56. El pájaro está en ese árbol
nu tsinsʉ bʉbʉ kʔa nu zaa
ART/pájaro/estar/en/ART/árbol

57. La mosca está en la pared.
nu ngibe bʉbʉ kʔa nu ndʉngumʉ
ART/mosca/estar/en/ART/pared

58. Los perros están alrededor de la lumbre.
yo dyoʔo bʉbʉ-jí axi̜i̜chi kʔa nu sibi
ART PL/perro/estar-PL/alrededor/en/ART/lumbre

59. ¿Cuántos perros tienes?
janzii dyoʔo i-ñʔeje
cuánto/perro/2PRES-tener

60. Tengo un perro.
ri-ñʔeje naja dyoʔo
1PRES-tener/uno/perro

Tienes un perro.
i-ñʔeje naja dyoʔo
2PRES-tener/uno/perro

Él tiene un perro.
angézé ñʔeje naja dyoʔo
3PRON/tener/uno/perro

Tenemos un perro (dual exclusivo).
ri-ñʔeje-go-bʔé naja dyoʔo
1PRES-tener-1ENF-DU EXCL/uno/perro

Tenemos un perro (dual inclusivo).
ri-ñʔeje-go-bí naja dyoʔo
1PRES-tener-1ENF-DU INCL/uno/perro

Tenemos un perro (plural exclusivo).
ri-ñʔeje-kjo-mé naja dyoʔo
1PRES-tener-1ENF-PL EXCL/uno/perro

Tenemos un perro (plural inclusivo).
ri-ñʔeje-kjo-jí naja dyoʔo
1PRES-tener-1ENF-PL INCL/uno/perro

Ustedes tienen un perro (dual).
nútskʔe-bí i-ñʔeje-bí naja dyoʔo
2PRON-DU/2PRES-tener-DU/uno/perro

Ellos tienen un perro (dual).
angézé-wí ñʔeje-wí naja dyoʔo
3PRON-DU/tener-DU/uno/perro

Tienes dos perros.
i-ñʔeje yeje dyoʔo
2PRES-tener/dos/perro

Él tiene dos perros.
angézé ñʔeje yeje dyoʔo
3PRON/tener/dos/perro

Tenemos dos perros (plural exclusivo).
ri-ñʔeje-kjo-mé yeje dyoʔo
1PRES-tener-1ENF-PL EXCL/dos/perro

Tenemos dos perros (plural inclusivo).
ri-ñʔeje-kjo-bí yeje dyoʔo
1PRES-tener-1ENF-PL INCL/dos/perro

Ustedes tienen dos perros (plural).
nútskʔe-jí i-ñʔeje-jí yeje dyoʔo
2PRON-PL/2PRES-tener-PL/dos/perro

Ellos tienen dos perros (plural).
angézé-jí ñʔeje-jí yeje dyoʔo
3PRON-PL/tener-PL/dos/perro

61. Tenía un caballo (pero lo vendí).
mi-ñʔeje naja fadʔʉ
3IMPERF-tener/uno/caballo

62. El año que viene voy a tener un caballo.
nu kjɛɛ ra-ȩjȩ ra-ñʔeje naja fadʔʉ
ART/año/3FUT-venir/1FUT-tener/uno/caballo

63. No tengo perro.
dya ri-ñʔeje dyoʔo
NEG/1PRES-tener/perro

64. No tengo ninguna moneda.
dya ri-jųų ninaja merio
NEG/1PRES-tener/ninguno/dinero

65. Tengo agua para tomar.
ri-pesi ndeje pa ra-sii
1PRES-tener/agua/para/1FUT-tomar

66. ¿Qué tienes ahí? (Señalando el bolsillo o un costal.)
fe i-ju̜u̜ anukʔua
qué/2PRES-tener/ahí

67. ¿Quién tiene el machete?
kjongeje jʉʉ nu pone-tʔɛdyi
quién/traer/ART/curvo-fierro

68. Yo lo tengo.
nuzgó ri-jʉʉ-go
1PRON/1PRES-traer-1ENF

69. El maíz tiene gorgojo.
nu tjøø jøʔø dyoxʉ
ART/maíz/tener/gusano

70. Los perros tienen cola.
yo dyoʔo tuu-jí o-sʔʉjʉ
ART PL/perro/tener-PL/3POS-cola

71. ¿Tienen cola los perros?
tʉʉ-jí o-sʔʉjʉ yo dyoʔo
tener-PL/3POS-cola/ART PL/perro

72. ¿Qué no tienen cola los perros?
fe dya ñʔeje-jí o-sʔʉjʉ yo dyoʔo
qué/NEG/tener-PL/3POS-cola/ART PL/perro

73. Mi perro no tiene cola.
i-dyoʔo-go dya tuu o-sʔʉjʉ
1POS-perro-1ENF/NEG/tener/3POS-cola

74. Esa casa no tiene puerta.
ngejenu ngumʉ dya kjaa ngoxti
DEM/casa/NEG/tener/puerta

75. Mateo tiene poco pelo.
e tegu kjaa na tsʔʉka o-ñixtʔi
ART REV/Mateo/haber/DET/poco/3POS-pelo

Mateo tiene mucho pelo.
e tegu kjaa na punkjʉ o-ñixtʔi
ART REV/Mateo/haber/DET/mucho/3POS-pelo

76. ¿Cómo es el pelo de Mateo?
jaba kjaa nu ñixtʔi e tego
cómo/hacer/ART/pelo/ART REV/Mateo

77. El pelo de Mateo es negro.
nu ñixtʔi e tego ngeje na potjʉ
ART/pelo/ART REV/Mateo/ser/DET/negro

78. Tengo el machete que me prestaste.
ri-jų̧ų̧ nu pone-tʔɛdyi fe i-dyakʉ-zʉ-ge
1PRES-tener/ART/curvo-fierro/que/2PRET-dar-1OBJ-2ENF

79. Todavía tengo el machete que me regalaste.
xe ri-jų̧ų̧ ru pone-tʔɛdyi fe i-dyakʉ-zʉ-ge
todavía/1PRES-tener/ART/curvo-fierro/que/2PRET-dar-1OBJ-2ENF

80. En casa tengo un machete que no es mío.
kʔa i-nzumʉ-go ri-jų̧ų̧ naje pone-tʔɛdyi dya ngeje i-tsjaa-go
en/1POS-casa-1ENF/1PRES-tener/uno/curvo-fierro/NEG/ser/1POS-propie-dad-1ENF

81. Esa camisa tiene manchas.
ngejenu pønø kua kʔuaxtʔʉ
DEM/tener/ENF/salpicar, manchar

Este perro tiene manchas (mugre).
ngenu dyoʔo kua kʔuaxtʔʉ
DEM/perro/ENF/salpicar, manchar

Ese perro es pinto.
ngejenu dyoʔo na pindo
DEM/perro/DET/pinto

82. La comida tiene sal.
ne jñonʉ pɛ-bí o̜o̜
ART/comida/tener-DU/sal

La comida no tiene sal.
ne jñonʉ dya pɛ-bí o̜o̜
ART/comida/NEG/tener-DU/sal

83. La comida está salada.
ne jñonʉ na o̜xʉ
ART/comida/DET/salada

84. La sopa tiene chile.
ne sopa pɛ-bí ii
ART/sopa/tener-DU/chile

85. La olla tiene agua.
ne sʔøbʔø poʔo ndeje
ART/olla/tener/agua

La olla no tiene agua.
ne sʔøbʔø dya poʔo ndeje
ART/olla/NEG/tener/agua

La olla tiene maíz.
ne sʔøbʔø kiʔi ndechjo̜
ART/olla/tener adentro/maíz (en grano)

El chiquihuite tiene arroz.
ne bʔɛchʔe kiʔi arro
ART/chiquihuite/tener adentro/arroz

El chiquihuite tiene tortillas.
ne bʔɛchʔe kiʔi xɛdyi
ART/chiquihuite/tener adentro/tortilla

El troje tiene maíz.
ne tʔʉmʉ kiʔi ndechjo
ART/troje/tener adentro/maíz

86. ¿Dónde tiene Mateo el lazo?
jaje ngąsʔʉ e tego nu tjʉmʉ
dónde/tener/ART REV/Mateo/ART/lazo

87. Mateo tiene el lazo en la mano.
e tego ngąsʔʉ nu tjʉmʉ kʔa nu dyɛɛ
ART REV/Mateo/tener/ART/lazo/en/ART/mano

88. Mateo tiene una piedra en el bolsillo.
e tego jųų naja ndojo kʔa nu mbuxa
ART REV/Mateo/tener/uno/piedra/en/ART/bolsa

89. Tengo dos hermanos.
ri-ñʔeje yeje mi-ño-bʔé
1PRES-tener/dos/1POS-hermano-DU

90. ¿Cuántos hermanos tienes?
janzįį ñohwi i-ñeje
cuántos/hermano/2PRES-tener

91. ¿Tiene usted jabón para vender?
nútskʔe i-pɛsʔi xabo pa ri-pɔɔ
2PRON/2PRES-tener/jabón/para/2FUT-vender

92. Tengo gripa.
ri-so-bʔé paa
1PRES-batallar-DU/calentura

93. Tuve gripa.
ro-so-bʔé paa
1PRET-batallar-DU/calentura

94. ¿Tienes frío?
i-senti see
2PRES-sentir/frío

95. Sí.
jǎ̧

No.
dya, jydya, io

96. Tengo dolor de cabeza.
ri-pɛsʔi ʉ-ñi
1PRES-tener/dolor-cabeza

97. Tengo prisa.
ri-pɛsʔi na xødʔø
1PRES-tener/DET/prisa

98. Tengo hambre.
ri-pɛsʔi na tjimi
1PRES-tener/DET/hambre

Tengo sed.
ri-pɛsʔi na nʔure
1PRES-tener/DET/sed

Tengo sueño.
ri-nee ra-i̧ji̧
1PRES-querer/1FUT-dormir

Tengo flojera.
ri-dʔaku na maña
1PRES-dar/DET/pereza

99. Tengo trabajo.
ri-pɛsʔi mbɛfi
1PRES-tener/trabajo

100. Tengo pena.
ri-pɛsʔi na tseje
1PRES-tener/DET/vergüenza

101. Soy penoso.
na ngeje-zʉ na tseje-zʉ
DET/ser-1P/DET/vergüenza-1P

102. En la olla hay frijoles.
kʔa nu sʔøbʔø kjaa yo sʔʉnkjʉ
en/ART/olla/haber/ART PL/frijol

En la olla hay agua.
kʔa nu sʔøbʔø poo ndeje
en/ART/olla/tener líquido/agua

En la olla no hay frijoles.
kʔa nu sʔøbʔø dya kjaa yo sʔʉnkjʉ
en/ART/olla/NEG/haber/ART PL/frijol

En la olla no hay agua.
kʔa nu sʔøbʔø dya poo ndeje
en/ART/olla/NEG/haber líquido/agua

103. ¿Hay frijoles en la olla?
kjaa yo sʔʉnkjʉ kʔa nu sʔøbʔø
haber/ART PL/frijol/en/ART/olla

104. ¿No hay frijoles en la olla?
dya kjaa yo sʔʉnkjʉ kʔa nu sʔøbʔø
NEG/haber/ART PL/frijol/en/ART/olla

105. Sí hay.
ją̌ kjaa
sí/haber

106. No, no hay.
io, dya kjaa
no/NEG/haber

107. ¿En el monte no hay venados?
kʔa nu tʔeje dya karʉ yo fantʔeje
en/ART/monte/NEG/haber/ART PL/venado

108. En la casa hay gente.
k?a nu ngumʉ ka̢ru̢ nte
en/ART/casa/haber/gente

En la casa no hay gente.
k?a nu ngumʉ dya ka̢ru̢ nte
en/ART/casa/NEG/haber/gente

109. En la casa no había gente.
k?a ngejenu ngumʉ dya mi-kjaa nte
en/DEM/casa/NEG/3IMPERF-haber/gente

110. Aquí hay cuatro tortillas.
anuba kjaa nzio xɛdyi
aquí/haber/cuatro/tortilla

111. Aquí hay una tortilla.
anuba kjaa naja xɛdyi
aquí/haber/uno/tortilla

112. Aquí hay agua.
anuba poo ndeje
aquí/haber líquido/agua

Aquí no hay agua.
anuba dya poo ndeje
aquí/NEG/haber líquido/agua

113. Allá hay árboles.
anunu kjaa yo zaa
allá/haber/ART PL/árbol

114. Hay una epidemia en el pueblo.
kjaa naja jñeñe k?a nu jñiñi
haber/uno/enfermedad/en/ART/pueblo

115. En mi pueblo hay mercado.
k?a i-jñiñi-go kjaa chomʉ
en/1POS-pueblo-1ENF/haber/plaza

116. En ese pueblo hay casas grandes.
ngejenu jñiñi kjaa yo ngumʉ me na ndø
DEM/pueblo/haber/ART PL/casa/muy/DET/alto

117. El gorrión es un pájaro.
ne dokne ngeje naja tsʔinsʔʉ
ART/gorrión/ser/uno/pájaro

118. Ese pájaro no es un gorrión.
ngejenu tsʔinsʔʉ ngeje naja dokne
DEM/pájaro/ser/uno/gorrión

119. ¿Qué pájaro es ése?
fena tsʔinsʔʉ ngejenu
qué/pájaro/DEM

120. Mateo es profesor.
e tego ngeje naja xɔpʉte
ART REV/Mateo/ser/uno/profesor

Mateo no es profesor.
e tego dya ngeje xɔpʉte
ART REV/Mateo/NEG/ser/profesor

121. Mateo es el profesor.
e tego ngeje nu xɔpʉte
ART REV/Mateo/ser/ART/profesor

Mateo no es el profesor.
e tego dya ngeje nu xɔpʉte
ART REV/Mateo/NEG/ser/ART/profesor

122. ¿Quién es profesor?
kjongeje nu xɔpʉte
quién/ART/profesor

123. ¿Quién es el profesor?
kjongeje nu xɔpʉte
quién/ART/profesor

¿Quién es el profesor?
kjongeje e xopʉnte
quién/ART REV/profesor

124. Mateo es hijo mío.
e tego ngeje i-chʔi-go
ART REV/Mateo/ser/1POS-hijo-1ENF

125. Mateo es mi hijo.
e tego ngeje i-chʔi-go
ART REV/Mateo/ser/1POS-hijo-1ENF

126. ¿Qué es Mateo?
fe ngeje e tego
qué/ser/ART REV/Mateo

127. ¿Mateo es maestro?
e tego ngeje naja xɔpʉte
ART REV/Mateo/ser/uno/maestro

128. Yo soy hijo de don Manuel.
nuzgó ri-ngeje nu tʔii e tata manué
1PRON/1PRES-ser/ART/hijo/ART REV/señor/Manuel

Yo no soy hijo de don Manuel.
nuzgó dya ri-ngeje nu tʔii e tata manué
1PRON/NEG/1PRES-ser/ART/hijo/ART REV/señor/Manuel

129. Mateo es brujo.
e tego ngeje naja jñeeche
ART REV/Mateo/ser/uno/brujo

130. Mateo se volvió brujo.
e tego o-mbeži naja jñeeche
ART REV/Mateo/3PRET-volverse/uno/brujo

131. Esa canasta es mía.
ngejenu bosi i-tsjaa-go
DEM/canasta/1POS-propiedad-1ENF

Esa canasta es tuya.
ngejenu bosi i-tsjaa-ge
DEM/canasta/2POS-propiedad-2ENF

Esa canasta es de él.
ngejenu i-bosi
DEM/3POS-canasta

Esa canasta es nuestra (dual exclusivo).
ngejenu bosi i-tsjaa-go-bʔé
DEM/canasta/1POS-propiedad-1ENF-DU EXCL

Esa canasta es nuestra (dual inclusivo).
ngejenu bosi ngeje i-tsjaa-go-bí
DEM/canasta/ser/1POS-propiedad-1ENF-DU INCL

Esa canasta es nuestra (plural exclusivo).
ngejenu bosi ngeje i-tsjaa-go-mé
DEM/canasta/ser/1POS-propiedad-1ENF-PL EXCL

Esa canasta es nuestra (plural inclusivo).
ngejenu bosi ngeje i-tsjaa-go-jí
DEM/canasta/ser/1POS-propiedad-1ENF-PL INCL

Esa canasta es de ustedes (dual).
ngejenu bosi ngeje i-tsjaa-kʔe-bí
DEM/canasta/ser/2POS-propiedad-2P-DU

Esa canasta es de ustedes (plural).
ngejenu bosi ngeje i-tsjaa-kʔe-jí
DEM/canasta/ser/2POS-propiedad-2P-PL

Esa canasta es de ellos (dual).
ngejenu bosi ngeje i-tsjaa-ngeze-wí
DEM/canasta/ser/3POS-propiedad-3PRON-DU

Esa canasta es de ellos (plural).
ngejenu bosi ngeje i-tsjaa-ngeze-jí
DEM/canasta/ser/3POS-propiedad-3PRON-PL

Esa canasta no es mía.
ngejenu bosi dya i-tsjaa-go
DEM/canasta/NEG/1POS-propiedad-1ENF

Esa canasta no es tuya.
ngejenu bosi dya i-tsjaa-ge
DEM/canasta/NEG/2POS-propiedad-2ENF

Esa canasta no es de él.
dya ngejenu i-bosi
NEG/DEM/3POS-canasta

ngejenu bosi dya tsjaa ngeze
DEM/canasta/NEG/propiedad/3PRON

Esa canasta no es nuestra (dual exclusivo).
ngejenu bosi dya i-tsjaa-go-b/é
DEM/canasta/NEG/1POS-propiedad-1ENF-DU EXCL

Esa canasta no es nuestra (dual inclusivo).
ngejenu bosi dya ngeje i-tsjaa-go-bí
DEM/canasta/NEG/ser/1POS-propiedad-1ENF-DU INCL

Esa canasta no es nuestra (plural exclusivo).
ngejenu bosi dya ngeje i-tsjaa-go-mé
DEM/canasta/NEG/ser/1POS-propiedad-1ENF-PL EXCL

Esa canasta no es nuestra (plural inclusivo).
ngejenu bosi dya ngeje i-tsjaa-go-jí
DEM/canasta/NEG/ser/1POS-propiedad-1ENF-PL INCL

Esa canasta no es de ustedes (dual).
ngejenu bosi dya ngeje i-tsjaa-kʔe-bí
DEM/canasta/NEG/ser/2POS-propiedad-2P-DU

Esa canasta no es de ustedes (plural).
ngejenu bosi dya ngeje i-tsaa-kʔe-jí
DEM/canasta/NEG/ser/2POS-propiedad-2P-PL

Esa canasta no es de ellos (dual).
ngejenu bosi dya ngeje i-tsjaa-ngeze-wí
DEM/canasta/NEG/ser/3POS-propiedad-3PRON-DU

Esa canasta no es de ellos (plural).
ngejenu bosi dya ngeje i-tsaa-ngeze-jí
DEM/canasta/NEG/ser/3POS-propiedad-3PRON-PL

132. Mi canasta es ésa.
i-bosi-go ngejenu
1POS-canasta-1ENF/DEM

Mi canasta no es ésa.
i-bosi-go dya ngejenu
1POS-canasta-1ENF/NEG/DEM

133. ¿De quién es esa canasta?
kjo tsjaa ngejenu bosi
quién/propiedad/DEM/canasta

134. ¿Es tuya esa canasta?
ngeje i-tsjaa-ge ngejenu bosi
ser/2POS-propiedad-2ENF/DEM/canasta

¿No es tuya esa canasta?
dya ngeje i-tsjaa-ge ngejenu bosi
NEG/ser/2POS-propiedad-2ENF/DEM/canasta

135. ¿Esa canasta es la tuya?
ngejenu bosi ngeje i-tsjaa-ge
DEM/canasta/ser/2POS-propiedad-2ENF

136. Este es el camino (que va al pueblo).
ngenu ñʔiji
DEM/camino

137. Mateo es de Toluca.
e tego ngeje me-zʉmi
ART REV/Mateo/ser/originario de-Toluca

138. ¿De dónde es Mateo?
jaje me-nzumʉ e tego
dónde/originario de-casa/ART REV/Mateo

139. ¿De dónde eres?
jaje me-nzumʉ
dónde/originario de-casa

140. ¿Quién es de Toluca?
kjongeje me-nzumʉ a zʉmi
quién/originario de-casa/a/Toluca

141. Mateo es un hombre bueno.
e tego ngeje naja bezo najonte
ART REV/Mateo/ser/uno/hombre/bueno

142. Mateo va a ser delegado.
e tego ra-ngeje nu delegado
ART REV/Mateo/3FUT-ser/ART/delegado

143. ¿Qué va a ser Mateo?
fe ra-ngeje e tego
qué/3FUT-ser/ART REV/Mateo

144. Mateo fue delegado el año pasado.
e tego o-ngeje delegado nu kjɛɛ o-kjogʉ-tjo
ART REV/Mateo/3PRET-ser/delegado/ART/año/3PRET-pasar-COMPL

145. ¿Cuándo fue delegado Mateo?
jangua o-ngeje delegado e tego
cuándo/3PRET-ser/delegado/ART REV/Mateo

146. ¿Qué fue Mateo el año pasado?
fe o-ngeje e tego nu kjɛɛ o-kjogʉ-tjo
qué/3PRET-ser/ART REV/Mateo/ART/año/3PRET-pasar-COMPL

147. Mateo es hombre.
e tego ngeje naja bezo
ART REV/Mateo/ser/uno/hombre

148. María es mujer.
e mali ngeje naja bejña
ART REV/María/ser/uno/mujer

149. Yo soy hombre.
nuzgó ri-ngeje naja bezo
1PRON/1PRES-ser/uno/hombre

150. Yo soy mujer.
nuzgó ri-ngeje naja bejña
1PRON/1PRES-ser/uno/mujer

151. ¿Qué es esta comida?
fe ngenu jñonʉ
qué/DEM/comida

152. Esta comida es carne de armadillo.
ngenu nu jñonʉ ngeʔe tsʔinkjuaʔa
DEM/ART/comida/ser/carne/armadillo

153. Yo soy el más joven.
nuzgó ri-ngeje nu mø ta-tʔi
1PRON/1PRES-ser/ART/más/AUM-muchacho

Yo no soy el más joven.
nuzgó dya ri-ngeje nu mø ta-tʔi
1PRON/NEG/1PRES-ser/ART/más/AUM-muchacho

154. El (hombre) que está sentado es profesor.
e bezo bʉbʉ ju̜ru̜-tjo ngeje naja xɔpʉte
ART REV/hombre/estar/sentar-COMPL/ser/uno/profesor

155. Mateo es el que está sentado. (Contestación a: ¿Cuál es Mateo?)
e tego ngeje nukʔʉ bʉbʉ ju̜ru̜-tjo
ART REV/Mateo/ser/REL/estar/sentar-COMPL

156. Mateo es el que está sentado. (Contestación a: ¿Pedro es el que está sentado?)
e tego ngeje nukʔʉ bʉbʉ ju̜ru̜-tjo
ART REV/Mateo/ser/REL/estar/sentar-COMPL

157. Temascalcingo es cabecera municipal.
batjʉ ngeje nu mʉbʔʉ nu jnini
Temascalcingo (llano)/ser/ART/corazón/ART/pueblo

158. Eduviges es nombre de mujer.
e eduvijes ngeje nu thu̜u̜ naja bejña
ART REV/Eduviges/ser/ART/nombre/uno/mujer

159. El que salió es al que conozco.
nukʔʉ o-mbedye ngeje nukʔʉ ri-pørʉ-go
REL/3PRET-salir/ser/REL/1PRES-conocer-1ENF

El hombre que salió es al que conozco.
e bezo o-mbedye ngeje nukʔʉ ri-pørʉ-go
ART REV/hombre/3PRET-salir/ser/REL/1PRES-conocer-1ENF

160. ¿Qué es eso? (Señalando algo que no se alcanza a distinguir.)
fe ngejenu
qué/DEM

161. Es un perro.
ngeje naja dyoo
ser/uno/perro

162. El año que viene mi hijo ya va a ser hombre.
nu kjɛɛ ɛjɛ i-chʔi-go ra-ngeje naja bezo
ART/año/venir/1POS-hijo-1ENF/3FUT-ser/uno/hombre

163. Alejandra se parece a María.
e janda nzikja-tjo e mali
ART REV/Alejandra/parecer-COMPL/ART REV/María

164. Alejandra se parece a su madre.
e janda nzikja-tjo nu nʉnʉ
ART REV/Alejandra/parecer-COMPL/ART/madre

Ese niño se parece a su papá.
ngejenu tʔii nzikja-tjo nu jyoo
DEM/niño/parecer-COMPL/ART/papá

165. Usted y su hijo se parecen mucho.
nútskʔe ñe i-chʔii nzikja-tjo-bí na punkjʉ
2PRON/y/3POS-hijo/parecer-COMPL-DU/DET/mucho

166. Mateo parece viejo.
e tego nzikja-tjo xita
ART REV/Mateo/parecer-COMPL/viejo

167. Mateo parece maestro.
e tego nzikja-tjo xɔpʉte
ART REV/Mateo/parecer-COMPL/profesor

168. ¿Cómo te llamas?
fe na jñų-tsʔʉ
cómo/DET/nombre-2P

169. Me llamo Pedro.
na jñų-zu pegro
DET/nombre-1P/Pedro

170. Hace calor.
kjaa na paa
hacer/DET/calor

Hace frío.
kjaa na see
hacer/DET/frío

Hace viento.
kjaa nu ndømʉ
hacer/ART/viento

Hace sol.
kjaa nu jyarʉ
hacer/ART/sol

171. Está lloviendo.
søjø dyebʔe-tjo
llegar/lluvia-COMPL

172. Va a llover.
ra-søjø dyebʔe
3FUT-llegar/lluvia

173. ¿Cómo se hacen las tortillas?
jami tsjaa-jí yo xɛdyi
cómo/hacer-PL/ART PL/tortilla

¿Qué le mezclas a las tortillas?
fe i-chønø yo xɛdyi
qué/2PRES-mezclar/ART PL/tortilla

174. Las tortillas se hacen de nixtamal.
yo xɛdyi kjaa-jí ko sjonʉ
ART PL/tortilla/hacer-PL/con/nixtamal

175. ¿Cómo vas a tu pueblo?
jami i-maa a i-jñiñi-ge
cómo/2PRES-ir/a/2POS-pueblo-2ENF

176. ¿Dónde venden azúcar?
jaje pɔɔ-jí asuka
dónde/vender-PL/azúcar

177. Ahí venden muchas cosas.
anuwa pɔɔ-jí na punkjʉ yo kosa
ahí/vender-PL/DET/mucho/ART PL/cosa

178. Nombraron a Mateo delegado.
o-unʉ-jí e tego delegado
3PRET-dar-PL/ART REV/Mateo/delegado

179. Mateo me llamó tonto.
tego o-xits-ko na ngoz-go
Mateo/3PRET-decir-1OBJ/DET/tonto-1ENF

180. Estoy durmiendo.
(nuzgo) ri-įjį-tjo
1PRON/1PRES-dormir-COMPL

Estás durmiendo.
į-jį-tjo
2PRES-dormir-COMPL

Está durmiendo.
įjį-tjo
dormir-COMPL

Estamos durmiendo (dual exclusivo).
ri-įjį-tjo-bʔé
1PRES-dormir-COMPL-DU EXCL

Estamos durmiendo (dual inclusivo).
ri-įjį-tjo-bí
1PRES-dormir-COMPL-DU

Estamos durmiendo (plural exclusivo).
ri-įjį-tjo-kjo-mé
1PRES-dormir-COMPL-1ENF-PL EXCL

Estamos durmiendo (plural inclusivo).
ri-įjį-tjo-jí
1PRES-dormir-COMPL-PL

Están durmiendo ustedes (dual).
i-įjį-tjo-bí (nútskʔe-bí)
2PRES-dormir-COMPL-DU/(2PRON-DU)

Están durmiendo ustedes (plural).
i-įjį-tjo-jí (nútskʔe-jí)
2PRES-dormir-COMPL-PL/(2PRON-PL)

Están durmiendo ellos (dual).
įjį-tjo-bí
dormir-COMPL-DU

Están durmiendo ellos (plural).
įjį-tjo-jí
dormir-COMPL-PL

181. No está durmiendo.
dya įjį-tjo
NEG/dormir-COMPL

182. Duerme poco.
įjį na tsʔuka
dormir/DET/poco

Duerme mucho.
įjį na punkjʉ
dormir/DET/mucho

183. Duerme de día.
įjį numʉ paa
dormir/cuando/día

Duerme mucho de día.
įjį na punkjʉ numʉ paa
dormir/DET/mucho/cuando/día

Duerme mucho de noche.
įjį na punkjʉ numʉ xomʉ
dormir/DET/mucho/cuando/noche

No duerme de día.
dya įjį numʉ paa
NEG/dormir/cuando/día

No duerme de noche.
dya įjį numʉ xomʉ
NEG/dormir/cuando/noche

184. El niño se durmió.
e tʔii o-įjį
ART REV/niño/3PRET-dormir

185. El niño está durmiendo.
e tʔii įjį-tjo
ART REV/niño/dormir-COMPL

El niño se está durmiendo.
e tʔii fʉrʉ įjį-tjo
ART REV/niño/comenzar/dormir-COMPL

186. El niño se va a dormir.
e tʔii ra-ma įjį
ART REV/niño/3FUT-ir/dormir

187. El niño se durmió otra vez.
e tʔii o-įjį na ye-pe
ART REV/niño/3PRET-dormir/DET/dos-vez

188. El niño no durmió bien anoche.
e tʔii dya o-įjį na joo ne xomʉ
ART REV/niño/NEG/3PRET-dormir/DET/bueno/ART/noche

189. El niño se durmió en el camión.
e tʔii o-įjį kʔa nu camió
ART REV/niño/3PRET-dormir/en/ART/camión

190. El pez muerto está flotando en el agua.
nu jmǫǫ ya ndųų-tjo bʉbʉ ñʔęs-tjo kʔa nu ndeje
ART/pez/ya/morir-COMPL/estar/flotar-COMPL/en/ART/agua

191. La madera flota en el agua.
nu zaa ñʔęnse kʔa nu ndeje
ART/árbol/flotar/en/ART/agua

192. Ella siempre me pide tortillas.
angézé texi yo paa otkʔʉ-zʉ yo xɛdyi
3PRON/todo/ART PL/día/pedir-1OBJ/ART PL/tortilla

Ella siempre te pide tortillas.
(angézé) texi yo paa otkʔʉ-tsʔʉ yo xɛdyi
3PRON/todo/ART PL/día/pedir-2OBJ/ART PL/tortilla

Ella siempre le pide tortillas a él.
angézé texi yo paa otkʔʉ yo xɛdyi
3PRON/todo/ART PL/día/pedir/ART PL/tortilla

Ella siempre nos pide tortillas (dual exclusivo).
(angézé) texi yo paa otkʔʉ-zʉ-bʔé yo xɛdyi
3PRON/todo/ART PL/día/pedir-1OBJ-DU EXCL/ART PL/tortilla

Ella siempre nos pide tortillas (dual inclusivo).
(angézé) texi yo paa otkʔʉ-zʉ-bí yo xɛdyi
3PRON/todo/ART PL/día/pedir-1OBJ-DU INCL/ART PL/tortilla

Ella siempre nos pide tortillas (plural exclusivo).
(angézé) texi yo paa otkʔʉ-zʉ-mé yo xɛdyi
3PRON/todo/ART PL/día/pedir-1OBJ-PL EXCL/ART PL/tortilla

Ella siempre nos pide tortillas (plural inclusivo).
(angézé) texi yo paa otkʔʉ-zʉ-jí yo xɛdyi
3PRON/todo/ART PL/día/pedir-1OBJ-PL INCL/ART PL/tortilla

Ella siempre les pide tortillas (a ustedes) (plural).
(angézé) texi yo paa otkʔʉ-tsʔʉ-jí yo xɛdyi
3PRON/todo/ART PL/día/pedir-2OBJ-PL/ART PL/tortilla

Ella siempre les pide tortillas a ellos (dual).
(angézé) texi yo paa otkʔʉ yo xɛdyi angézé-wí
3PRON/todo/ART PL/día/pedir/ART PL/tortilla/3PRON-DU

Ella siempre les pide tortillas a ellos (plural).
(angézé) texi yo paa otkʔʉ yo xɛdyi angézé-jí
3PRON/todo/ART PL/día/pedir/ART PL/tortilla/3PRON-PL

Yo siempre te pido tortillas.
(nuzgó) texi yo paa ri-otkʔʉ-tsʔʉ yo xɛdyi
1PRON/todo/ART PL/día/1PRES-pedir-2OBJ/ART PL/tortilla

Yo siempre le pido tortillas a él.
(nuzgó) texi yo paa ri-otkʔʉ yo xɛdyi (angézé).
1PRON/todo/ART PL/día/1PRES-pedir/ART PL/tortilla/3PRON

Yo siempre les pido tortillas a ustedes (dual).
(nuzgó) texi yo paa ri-otkʔʉ yo xɛdyi núts-kʔe-bí
1PRON/todo/ART PL/día/1PRES-pedir/ART PL/tortilla/2PRON-2OBJ-DU

Yo siempre les pido tortillas a ustedes (plural).
(nuzgó) texi yo paa ri-otkʔʉ yo xɛdyi-kʔe-jí
1PRON/todo/ART PL/día/1PRES-pedir/ART PL/tortilla-2OBJ-PL

(nuzgó) texi yo paa ri-otkʔʉ yo xɛdyi núts-kʔe-jí
1PRON/todo/ART PL/día/1PRES-pedir/ART PL/tortilla/2PRON-2OBJ-PL

Yo siempre les pido tortillas a ellos (dual).
nuzgó texi yo paa ri-otkʔʉ yo xɛdyi angézé-wí
1PRON/todo/ART PL/día/1PRES-pedir/ART PL/tortilla/3PRON-DU

Yo siempre les pido tortillas a ellos (plural).
nuzgó texi yo paa ri-otkʔʉ yo xɛdyi angézé-jí
1PRON/todo/ART PL/día/1PRES-pedir/ART PL/tortilla/3PRON-PL

Tú siempre me pides tortillas.
nútskʔe texi yo paa i-ʔotkʉ-zʉ yo xɛdyi
2PRON/todo/ART PL/día/2PRES-pedir-1OBJ/ART PL/tortilla

Tú siempre le pides tortillas a él.
nútskʔe texi yo paa i-ʔotkʉ yo xɛdyi angézé
2PRON/todo/ART PL/día/2PRES-pedir/ART PL/tortilla/3PRON

Tú siempre nos pides tortillas a nosotros (dual).
nútskʔe texi yo paa i-ʔotkʉ-zʉ yo xɛdyi nuzgó-bʔé
2PRON/todo/ART PL/día/2PRES-pedir-1OBJ/ART PL/tortilla/1PRON-DU EXCL

Tú siempre nos pides tortillas (a nosotros) (plural).
nútskʔe texi yo paa i-ʔotkʉ-zʉ-mé yo xɛdyi
2PRON/todo/ART PL/día/2PRES-pedir-1OBJ-PL EXCL/ART PL/tortilla

Tú siempre les pides tortillas a ellos (dual).
nútskʔe texi yo paa i-ʔotkʉ yo xɛdyi angézé-wí
2PRON/todo/ART PL/día/2PRES-pedir/ART PL/tortilla/3PRON-DU

Tú siempre les pides tortillas a ellos (plural).
nútskʔe texi yo paa i-ʔotkʉ yo xɛdyi angézé-jí
2PRON/todo/ART PL/día/2PRES-pedir/ART PL/tortilla/3PRON-PL

Nosotros (dual exclusivo) siempre te pedimos tortillas.
nuzgó-bʔé texi yo paa ri-otkʔʉ-tsʔʉ-bʔé yo xɛdyi
1PRON-DU EXCL/todo/ART PL/día/1PRES-pedir-2OBJ-DU EXCL/ART PL/tortilla

Nosotros (dual exclusivo) siempre le pedimos tortillas a ella.
nuzgó-bʔé texi yo paa ri-otkʔʉ-bʔé yo xɛdyi angézé
1PRON-DU EXCL/todo/ART PL/día/1PRES-pedir-DU EXCL/ART PL/tortilla/3PRON

Nosotros (dual exclusivo) siempre les pedimos tortillas a ustedes (dual).
nuzgó-bʔé texi yo paa ri-otkʔʉ-go-bʔé yo xɛdyi nútskʔe-bí
1PRON-DU EXCL/todo/ART PL/día/1PRES-pedir-1ENF-DU EXCL/ART PL/tortilla/2PRON-DU

Nosotros (dual exclusivo) siempre les pedimos tortillas a ustedes (plural).
nuzgó-bʔé texi yo paa ri-otkʔʉ-bʔé yo xɛdyi nútskʔe-jí
1PRON-DU EXCL/todo/ART PL/día/1PRES-pedir-DU EXCL/ART PL/tortilla/2PRON-PL

Nosotros (dual exclusivo) siempre les pedimos tortillas a ellos (dual).
nuzgó-bʔé texi yo paa ri-otkʔʉ-bʔé yo xɛdyi angézé-wí
1PRON-DU EXCL/todo/ART PL/día/1PRES-pedir-DU EXCL/ART PL/tortilla/3PRON-DU

Nosotros (dual exclusivo) siempre les pedimos tortillas a ellos (plural).
nuzgó-bʔé texi yo paa ri-otkʔʉ-bʔé yo xɛdyi angézé-jí
1PRON-DU EXCL/todo/ART PL/día/1PRES-pedir-DU EXCL/ART PL/tortilla/3PRON-PL

Nosotros (dual inclusivo) siempre le pedimos tortillas a ella.
nuzgó-bí texi yo paa ri-otkʔʉ-bí yo xɛdyi angézé
1PRON-DU INCL/todo/ART PL/día/1PRES-pedir-DU INCL/ART PL/tortilla/3PRON

Nosotros (dual inclusivo) siempre le pedimos tortillas a ellos (dual).
nuzgó-bí texi yo paa ri-otkʔʉ-bí yo xɛdyi angézé-wí
1PRON-DU INCL/todo/ART PL/día/1PRES-pedir-DU INCL/ART PL/tortilla/3PRON-DU

Nosotros (dual inclusivo) siempre le pedimos tortillas a ellos (plural).
nuzgó-bí texi yo paa ri-otkʔʉ-bí yo xɛdyi angézé-jí
1PRON-DU INCL/todo/ART PL/día/1PRES-pedir-DU INCL/ART PL/ tortilla/3PRON-PL

Ustedes (dual) siempre me piden tortillas.
nútskʔe-bí texi yo paa i-dyotkʉ-zʉ yo xɛdyi
2PRON-DU/todo/ART PL/día/2PRES-pedir-1OBJ/ART PL/tortilla

Ustedes (dual) siempre le piden tortillas a ella.
nútskʔe-bí texi yo paa i-dyotkʉ-bí yo xɛdyi angézé
2PRON-DU/todo/ART PL/día/2PRES-pedir-DU/ART PL/tortilla/3PRON

Ustedes (dual) siempre nos piden tortillas (dual exclusivo).
nútskʔe-bí texi yo paa i-dyotkʉ-bʔé yo xɛdyi
2PRON-DU/todo/ART PL/día/2PRES-pedir-DU EXCL/ART PL/tortilla

Ustedes (dual) siempre nos piden tortillas (dual inclusivo).
nútskʔe-bí texi yo paa i-dyotkʉ-zʉ-bí yo xɛdyi
2PRON-DU/todo/ART PL/día/2PRES-pedir-1OBJ-DU/ART PL/tortilla

Ustedes (dual) siempre les piden tortillas a ellos (dual).
nútskʔe-bí texi yo paa i-dyotkʉ-bí yo xɛdyi angézé-wí
2PRON-DU/todo/ART PL/día/2PRES-pedir-DU/ART PL/tortilla/ 3PRON-DU

Ustedes (dual) siempre les piden tortillas a ellos (plural).
nútskʔe-bí texi yo paa i-dyotkʉ-jí yo xɛdyi angézé-jí
2PRON-DU/todo/ART PL/día/2PRES-pedir-PL/ART PL/tortilla/ 3PRON-PL

Ellos (dual) siempre me piden tortillas.
angézé-wi texi yo paa dyotkʉ-zʉ-bi yo xɛdyi
3PRON-DU/todo/ART PL/día/pedir-1OBJ-DU/ART PL/tortilla

Ellos (dual) siempre te piden tortillas.
angézé-wi texi yo paa dyotkʉ-tsʔʉ yo xɛdyi
3PRON-DU/todo/ART PL/día/pedir-2OBJ/ART PL/tortilla

Ellos (dual) siempre le piden tortillas a ella.
angézé-wí texi yo paa dyotkʉ-wí yo xɛdyi
3PRON-DU/todo/ART PL/día/pedir-DU/ART PL/tortilla

Ellos (dual) siempre nos piden tortillas (dual exclusivo).
angézé-wí texi yo paa dyotkʉ-zʉ-wí yo xɛdyi
3PRON-DU/todo/ART PL/día/pedir-1OBJ-DU/ART PL/tortilla

Ellos (dual) siempre nos piden tortillas a nosotros (dual inclusivo).
angézé-wí texi yo paa dyotkʉ-zʉ-wí yo xɛdyi
3PRON-DU/todo/ART PL/día/pedir-1OBJ-DU/ART PL/tortilla

Ellos (dual) siempre nos piden tortillas (plural inclusivo).
angézé-wí texi yo paa dyotkʉ-zʉ-wí yo xɛdyi
3PRON-DU/todo/ART PL/día/pedir-1OBJ-DU/ART PL/tortilla

Ellos (dual) siempre les piden tortillas a ustedes (dual).
angézé-wí texi yo paa dyotkʉ-wí yo xɛdyi nútskʔe-bí
3PRON-DU/todo/ART PL/día/pedir-DU/ART PL/tortilla/2PRON-DU

Ellos (dual) siempre les piden tortillas a ustedes (plural).
angézé-wí texi yo paa dyotkʉ-wí yo xɛdyi nútskʔe-jí
3PRON-DU/todo/ART PL/día/pedir-DU/ART PL/tortilla/2PRON-PL

Ellos (dual) siempre les piden tortillas a ellos (dual).
angézé-wí texi yo paa dyotkʉ-wí yo xɛdyi angézé-wí
3PRON-DU/todo/ART PL/día/pedir-DU/ART PL/tortilla/3PRON-DU

Ellos (dual) siempre les piden tortillas a ellos (plural).
angézé-wí texi yo paa dyotkʉ-wí yo xɛdyi angézé-jí
3PRON-DU/todo/ART PL/día/pedir-DU/ART PL/tortilla/3PRON-PL

Nosotros (plural exlcusivo) siempre te pedimos tortillas.
nuzgó-mé texi yo paa ri-dyotkʉ-tsʔʉ-mé yo xɛdyi
1PRON-PL EXCL/todo/ART PL/día/1PRES-pedir-2OBJ-PL EXCL/ART PL/tortilla

Nosotros (plural exclusivo) siempre le pedimos tortillas a ella.
nuzgó-mé texi yo paa ri-dyotkʉ-mé yo xɛdyi angézé
1PRON-PL EXCL/todo/ART PL/día/1PRES-pedir-PL EXCL/ART PL/tortilla/3PRON

Nosotros (plural exclusivo) siempre les pedimos tortillas a ustedes (dual).
nuzgó-mé texi yo paa ri-dyotkʉ-mé yo xɛdyi nútskʔe-bí
1PRON-PL EXCL/todo/ART PL/día/1PRES-pedir-PL EXCL/ART PL/tortilla/2PRON-DU

Nosotros (plural exclusivo) siempre les pedimos tortillas ustedes (plural).
nuzgó-mé texi yo paa ri-otkʔʉ-kjo-mé yo xɛdyi nútskʔe-jí
1PRON-PL EXCL/todo/ART PL/día/1PRES-pedir-1ENF-PL EXCL/ART PL/tortilla/2PRON-PL

Nosotros (plural exclusivo) siempre les pedimos tortillas a ellos (dual).
nuzgó-mé texi yo paa ri-otkʔʉ-kjo-mé yo xɛdyi angézé-wí
1PRON-PL EXCL/todo/ART PL/día/1PRES-pedir-1ENF-PL EXCL/ART PL/tortilla/3PRON-DU

Nosotros (plural exclusivo) siempre les pedimos tortillas a ellos (plural).
nuzgó-mé texi yo paa ri-otkʔʉ-kjo-mé yo xɛdyi angézé-jí
1PRON-PL EXCL/todo/ART PL/día/1PRES-pedir-1ENF-PL EXCL/ART PL/tortilla/3PRON-PL

Nosotros (plural inclusivo) siempre le pedimos tortillas a ella.
nuzgó-mé texi yo paa ri-otkʔʉ-kjo-mé yo xɛdyi angézé
1PRON-PL EXCL/todo/ART PL/día/1PRES-pedir-1ENF-PL EXCL/ART PL/tortilla/3PRON

Nosotros (plural inclusivo) siempre les pedimos tortillas a ellas (dual).
nuzgó-mé texi yo paa ri-otkʔʉ-kjo-mé yo xɛdyi angézé-wí
1PRON-PL EXCL/todo/ART PL/día/1PRES-pedir-1ENF-PL EXCL/ART PL/tortilla/3PRON-DU

193. Ella me pidió tortillas para su madre.
angézé o-dyotkʔʉ-zʉ yo xɛdyi pa nu nʉʉ
3PRON/3PRET-pedir-1OBJ/ART PL/tortilla/para/ART/madre

194. ¿Ella te pidió tortillas?
angézé o-dyotkʔʉ-tsʔʉ yo xɛdyi
3PRON/3PRET-pedir-2OBJ/ART PL/tortilla

195. Sí, ella me pidió tortillas.
ją angézé o-dyotkʔʉ-zʉ yo xɛdyi
sí/3PRON/3PRET-pedir-1OBJ/ART PL/tortilla

196. ¿Quién te pidió tortillas?
kjongeje o-dyotkʔʉ-tsʔʉ yo xɛdyi
quién/3PRET-pedir-2OBJ/ART PL/tortilla

197. ¿Qué te pidió ella?
fe o-dyotkʔʉ-tsʔʉ angézé
qué/3PRET-pedir-2OBJ/3PRON

198. Ella no me pidió tortillas.
angézé dya o-dyotkʔʉ-zʉ yo xɛdyi
3PRON/NEG/3PRET-pedir-1OBJ/ART PL/tortilla

199. Ella a veces me pide tortillas.
angézé kja yo paa dyotkʔʉ-zʉ yo xɛdyi
3PRON/hay/ART PL/día/pedir-1OBJ/ART PL/tortilla

200. Ella nunca me pide tortillas.
angézé dyajø dyotkʔʉ-zʉ yo xɛdyi
3PRON/nunca/pedir-1OBJ/ART PL/tortilla

201. Ella nunca me pidió tortillas.
angézé dyajø o-dyotkʔʉ-zʉ yo xɛdyi
3PRON/nunca/3PRET-pedir-1OBJ/ART PL/tortilla

202. Ella me enseñó esta canción.
angézé o-intsi-zʉ ngenu tjɔjɔ
3PRON/3PRET-enseñar-1OBJ/DEM/canción

203. Ella me explicó el juego.
angézé o-intsi-zʉ nu tjeñe
3PRON/3PRET-enseñar-1OBJ/ART/juego

204. Te vi ayer en el mercado.
ro-jandkʔʉ-tsʔʉ minžøø kʔa nu chomʉ
1PRET-ver-2OBJ/ayer/en/ART/plaza

Lo vi a él ayer en el mercado.
ro-jøndʉ-gó minžøø angézé kʔa nu chomʉ
1PRET-ver-1ENF/ayer/3PRON/en/ART/plaza

Los vi a ustedes ayer en el mercado.
ro-jøndʉ-kjo-jí minžøø kʔa nu chomʉ
1PRET-ver-1ENF-PL/ayer/en/ART/plaza

Los vi a ellos ayer en el mercado.
ro-jøndʉ-jí minžøø kʔa nu chomʉ
1PRET-ver-PL/ayer/en/ART/plaza

Me viste ayer en el mercado.
i-jñangʉ-zʉ minžøø kʔa nu chomʉ
2PRET-ver-1OBJ/ayer/en/ART/plaza

Lo viste ayer en el mercado.
i-jñandgʉ minžøø kʔa nu chomʉ
2PRET-ver/ayer/en/ART/plaza

Nos viste ayer en el mercado.
i-jñandgʉ-zʉ-jí minžøø kʔa nu chomʉ
2PRET-ver-1OBJ-PL/ayer/en/ART/plaza

Los viste ayer en el mercado.
i-jñandʉ-jí minžøø kʔa nu chomʉ
2PRET-ver-PL/ayer/en/ART/plaza

Me vio ayer en el mercado.
o-jñandgʉ-zʉ minžøø kʔa nu chomʉ
3PRET-ver-1OBJ/ayer/en/ART/plaza

Te vio ayer en el mercado.
o-jñandgʉ-tsʔʉ minžøø kʔa nu chomʉ
3PRET-ver-2OBJ/ayer/en/ART/plaza

Lo vio ayer en el mercado.
o-jñandgʉ minžøø kʔa nu chomʉ
3PRET-ver/ayer/en/ART/plaza

Nos vio ayer en el mercado.
o-jñandgʉ-jí minžøø kʔa nu chomʉ
3PRET-ver-PL/ayer/en/ART/plaza

Los vio (a ustedes) ayer en el mercado.
o-jñandgʉ-jí (a nútskʔe-jí) minžøø kʔa nu chomʉ
3PRET-ver-PL/a/2PRON-PL/ayer/en/ART/plaza

Los vio (a ellos) ayer en el mercado.
o-jñandgʉ-jí (angézé-jí) minžøø kʔa nu chomʉ
3PRET-ver-PL/3PRON-PL/ayer/en/ART/plaza

Te vimos ayer en el mercado.
ro-jandkʔʉ-tsʔʉ-jí minžøø kʔa nu chomʉ
1PRET-ver-2OBJ-PL/ayer/en/ART/plaza

Lo vimos ayer en el mercado.
ro-jandʉ-jí minžøø kʔa nu chomʉ
1PRET-ver-PL/ayer/en/ART/plaza

Los vimos (a ustedes) ayer en el mercado.
ro-jandʔʉ-jí minžøø kʔa nu chomʉ
1PRET-ver-PL/ayer/en/ART/plaza

Los vimos (a ellos) ayer en el mercado.
ro-jandʉ-jí (angézé-jí) minžøø kʔa nu chomʉ
1PRET-ver-PL/3PRON-PL/ayer/en/ART/plaza

Ustedes me vieron ayer en el mercado.
nútskʔe-jí i-jñandgʉ-zʉ-jí minžøø kʔa nu chomʉ
2PRON-PL/2PRET-ver-1OBJ-PL/ayer/en/ART/plaza

Ustedes lo vieron ayer en el mercado.
nútskʔe-jí i-jñandkʔø-jí minžøø kʔa nu chomʉ
2PRON-PL/2PRET-ver-PL/ayer/en/ART/plaza

Ustedes nos vieron ayer en el mercado.
nútskʔe-jí i-jñangʉ-zʉ-jí minžøø kʔa nu chomʉ
2PRON-PL/2PRET-ver-1OBJ-PL/ayer/en/ART/plaza

Ustedes los vieron ayer en el mercado.
nútskʔe-jí i-jñandø-jí minžøø kʔa nu chomʉ
2PRON-PL/2PRET-ver-PL/ayer/en/ART/plaza

Ellos me vieron ayer en el mercado.
angézé-jí o-jñangʉ-zʉ-jí minžøø kʔa nu chomʉ
3PRON-PL/3PRET-ver-1OBJ-PL/ayer/en/ART/plaza

Ellos te vieron ayer en el mercado.
angézé-jí o-jñankʔʉ-tsʔʉ-jí minžøø kʔa nu chomʉ
3PRON-PL/3PRET-ver-2OBJ-PL/ayer/en/ART/plaza

Ellos la vieron ayer en el mercado.
angézé-jí o-jñandʉ-jí minžøø kʔa nu chomu
3PRON-PL/3PRET-ver-PL/ayer/en/ART/plaza

Ellos nos vieron ayer en el mercado.
angézé-jí o-jñangʉ-zʉ-jí minžøø kʔa nu chomʉ
3PRON-PL/3PRET-ver-1OBJ-PL/ayer/en/ART/plaza

Ellos los vieron (a ustedes) ayer en el mercado.
angézé-jí o-jñankʔʉ-tsʔʉ-jí minžøø kʔa nu chomʉ
3PRON-PL/3PRET-ver-2OBJ-PL/ayer/en/ART/plaza

Ellos las vieron (a ellas) ayer en el mercado.
angézé-jí o-jñankʔʉ-jí minžøø kʔa nu chomʉ
3PRON-PL/3PRET-ver-PL/ayer/en/ART/plaza

205. Ayer no te vi en el mercado.
minžøø dya ro-jønkʔʉ-tsʔʉ kʔa nu chomʉ
ayer/NEG/1PRET-ver-2OBJ/en/ART/plaza

206. ¿Me viste ayer en el mercado?
i-jñøngʉ-zʉ minžøø kʔa nu chomʉ
2PRET-ver-1OBJ/ayer/en/ART/plaza

207. ¿A quién viste ayer en el mercado?
kjongeje i-jñøndʉ minžøø k?a nu chomʉ
quién/2PRET-ver/ayer/en/ART/plaza

208. ¿Qué viste ayer en el mercado?
fe i-jñøndʉ minžøø k?a nu chomʉ
qué/2PRET-ver/ayer/en/ART/plaza

209. ¿Dónde y cuándo me viste?
jaje ñe jangua i-jñøndgʉ-zʉ
dónde/y/cuándo/2PRET-ver-1OBJ

210. Me pidió que le comprara un sombrero (para él).
o-xitsi-zʉ ra-tombʉ naja tjʉns?ʉ
3PRET-decir-1OBJ/1FUT-comprar/uno/sombrero

211. Me pidió que le comprara un sombrero para su padre.
o-xitsi-zʉ ra-tombʉ naja tjʉns?ʉ pa nu jyoo
3PRET-decir-1OBJ/1FUT-comprar/uno/sombrero/para/ART/padre

212. Él ordenó que fueras a Toluca.
angézé o-manda-ts?ʉ ri-maa a zʉmi
3PRON/3PRET-mandar-2OBJ/2FUT-ir/a/Toluca

213. Él te ordenó ir a Toluca.
angézé o-manda-ts?ʉ ri-maa a zʉmi
3PRON/3PRET-mandar-2OBJ/2FUT-ir/a/Toluca

214. Ella te acusó de haberle robado.
angézé o-jyøskø-tsʉ i-jñʉk?ʉ-ts?ʉ
3PRON/3PRET-achacar-2OBJ/2PRET-robar-2OBJ

215. ¿Qué sabes hacer?
fe i-pørʉ ri-tsjaa
qué/2PRES-saber/2FUT-hacer

216. Yo no sé hacer nada.
nuzgó dya fe ri-pørʉ ra-kjaa
1PRON/NEG/que/1PRES-saber/1FUT-hacer

217. Yo no sé nada.
nuzgó dya fe ri-pørʉ
1PRON/NEG/que/1PRES-saber

218. ¿Sabes nadar?
i-pørʉ ri-kjuantʔʉ
2PRES-saber/2FUT-nadar

219. Melchora sólo sabe hablar español.
e mechura ngextjo pørʉ ra-ñaa jñangicha
REV/Melchora/sólo/saber/3FUT-hablar/español

220. ¿Sabes español?
i-pørʉ jñangicha
2PRES-saber/español

221. Sé español.
ri-pørʉ jñangicha
1PRES-saber/español

222. Yo no sé nadar.
nuzgó dya ri-pørʉ ra-kjuantʔʉ
1PRON/NEG/1PRES-saber/1FUT-nadar

223. ¿Cuándo supiste que yo había llegado?
jangua i-pørʉ-ge nuzgó ya mi-søjø-tjo
cuándo/2PRES-saber-2ENF/1PRON/ya/3IMPERF-llegar-COMPL

224. ¿Cómo supiste que yo había llegado?
ja i-pørʉ-ge nuzgó ya mi-søjø-tjo
cómo/2PRES-saber-2ENF/1PRON/ya/3IMPERF-llegar-COMPL

225. Te lo digo para que lo sepas.
ri-xitxi-tsʔʉ pa ri-pørʉ-ge
1PRES-decir-2OBJ/para/2FUT-saber-2ENF

226. ¿Aprendiste español?
i-pørʉ-ge jñangicha
2PRET-saber-2ENF/español

227. Mi abuela me enseñó a cantar.
mi-lande o-intsi-zʉ ra-tɔjɔ
1POS-abuela/3PRET-enseñar-1OBJ/1FUT-cantar

Mi abuela no me enseñó a cantar.
mi-lande dya o-intsi-zʉ ra-tɔjɔ
1POS-abuela/NEG/3PRET-enseñar-1OBJ/1FUT-cantar

228. Mi padre me enseñó a no robar.
mi-jyoo o-intsi-zʉ dya ra-pee
1POS-padre/3PRET-enseñar-1OBJ/NEG/1FUT-robar

229. ¡Enséñame el camino!
ri-intsi-zʉ-go nu ñʔiji
2PRES-enseñar-1OBJ-1ENF/ART/camino

230. ¡Enséñame qué tienes en la mano!
ri-intsi-zʉ-go nukʔo i-kiiji kʔa i-dyɛɛ-ge
2PRES-enseñar-1OBJ-1ENF/lo que/2PRES-tener/en/2POS-mano-2ENF

231. Vi muchos animales en el camino.
ro-jøndʉ na punkjʉ yo dya nte kʔa nu ñʔiji
1PRET-ver/DET/mucho/ART PL/NEG/gente/en/ART/camino

232. Vi lo que pasó en esa casa.
ro-jøndʉ nukʔo o-kjogʉ kʔa ngejenu ngʉmʉ
1PRET-ver/lo que/3PRET-pasar/en/DEM/casa

233. Vi que estaba comiendo solo.
ro-jøndʉ numʉ maa jñonʉ-tjo-zɛ
1PRET-ver/cuando/ir/comer-COMPL-solo

234. Quiero tortillas.
ri-nee yo xɛdyi
1PRES-querer/ART PL/tortilla

235. Quiero ir temprano al mercado.
ri-nee ra-maa xo̜rtjo
1PRES-querer/1FUT-ir/temprano

236. ¿Qué quieres hacer?
fe i-nee ri-tsjaa
qué/2PRES-querer/2FUT-hacer

237. Quiero quedarme aquí.
ri-nee ra-keme-go anuba
1PRES-querer/1FUT-quedarse-1ENF/aquí

238. Quiero que te quedes aquí.
ri-nee ri-ox-kʔe anuba
1PRES-querer/2FUT-quedarse-2ENF/aquí

239. No quiero que te quedes solo aquí.
dya ri-nee ri-ox-kʔe-zɛ anuba
NEG/1PRES-querer/2FUT-quedarse-2ENF-solo/aquí

240. Melchora quería que me quedara en su casa.
e mechura mi-nee ra-ox-kʔo kʔa nu ngumʉ
REV/Melchora/3IMPERF-querer/1FUT-quedarse-1ENF/en/ART/casa

241. Melchora no quería que yo me quedara.
e mechura dya mi-nee ra-ox-kʔo
REV/Melchora/NEG/3IMPERF-querer/1FUT-quedarse-1ENF

242. Me prometiste una manzana.
i-promete-zʉ-ge naja mansana
2PRET-prometer-1OBJ-2ENF/uno/manzana

243. Me prometiste que me ibas a dar una manzana.
i-promete-zʉ-ge ri-dyakʉ-zʉ-ge naja mansana
2PRET-prometer-1OBJ-2ENF/2FUT-dar-1OBJ-2ENF/uno/manzana

244. Me prometiste llevarme a Toluca.
i-promete-zʉ-ge ri-siski-zʉ-ge a zʉmi
2PRET-prometer-1OBJ-2ENF/2FUT-llevar-1OBJ-2ENF/a/Toluca

245. ¿Crees en Dios?
i-kinchi a kjimi
2PRES-pensar/en/Dios

246. Creo que él se fue con Melchora.
ri-kinchi angézé o-maa ko e mechura
1PRES-pensar/3PRON/3PRET-ir/con/REV/Melchora

247. Dudo que venga Melchora.
ri-kinchi-go dya ra-ɛjɛ e mechura
1PRES-pensar-1ENF/NEG/3FUT-venir/REV/Melchora

No dudo que venga Melchora.
ri-kinchi-go ra-ɛjɛ e mechura
1PRES-pensar-1ENF/3FUT-venir/REV/Melchora

248. Dudo de su promesa.
dya ri-kinchi kʔo ifeñe
NEG/1PRES-pensar/en/promesa

249. No creo en su promesa.
dya ri-kinchi kʔo ifeñe
NEG/1PRES-pensar/en/promesa

250. No creo lo que me dijiste.
dya ri-kreo nukʔo i-xis-kʔe-zʉ
NEG/1PRES-creer/lo que/2PRET-decir-2ENF-1OBJ

251. No sé quién viene.
dya ri-pørʉ kjongeje ra-ɛjɛ
NEG/1PRES-saber/quién/3FUT-venir

252. ¿Sabes quién no vino?
i-pørʉ kjongeje dya o-ɛjɛ
2PRES-saber/quién/NEG/3PRET-venir

253. No sé quién vino.
dya i-pørʉ kjongeje o-ɛjɛ
NEG/2PRES-saber/quién/3PRET-venir

254. No sé quién va a venir.
dya ri-pørʉ kjongeje ra-ɛjɛ
NEG/1PRES-saber/quién/3FUT-venir

255. No sé a dónde va.
dya ri-pørʉ ja nimaa
NEG/1PRES-saber/dónde/ir

256. No sé por qué vino.
dya ri-pørʉ fenangeje o-ɛjɛ
NEG/1PRES-saber/por qué/3PRET-venir

257. No sé de dónde vino.
dya ri-pørʉ kʔo jaje o-ɛjɛ
NEG/1PRES-saber/de/dónde/3PRET-venir

258. No sé cómo arreglar la puerta.
dya ri-pørʉ ja ra-jokʉ nu ngoxti
NEG/1PRES-saber/cómo/1FUT-arreglar/ART/puerta

259. No sé qué vende Luis.
dya ri-pørʉ fe pɔɔ e lui
NEG/1PRES-saber/qué/vender/REV/Luis

260. No sabía que venías.
nuzgó dya mi-pørʉ mi-ɛjɛ
1PRON/NEG/1IMPERF-saber/3IMPERF-venir

261. No supe quién vino.
dya ro-pørʉ kjongeje o-ɛjɛ
NEG/1PRET-saber/quién/3PRET-venir

262. Me olvidé de cerrar la puerta.
ro-jyombeñe ro-kotʉ nu ngoxti
1PRET-olvidar/1PRET-cerrar/ART/puerta

263. Me olvidé de que llegabas hoy.
ro-jyombeñe mi-søjø-ge nu padya
1PRET-olvidar/2IMPERF-llegar-2ENF/ART/día

264. Me olvidé de tu nombre.
ro-jyombeñe ni-chu̧ʔu̧-ge
1PRET-olvidar/2POS-nombre-2ENF

265. ¿Qué olvidaste?
fe i-jyombeñe-ge
qué/2PRET-olvidar-2ENF

266. ¿De qué te olvidaste?
fe i-jyombeñe-ge
qué/2PRET-olvidar-2ENF

267. Este pájaro puede volar mucho.
ngenu ts?insʉ sɔɔ ra-masogʉ na punkjʉ
DEM/pájaro/poder/3FUT-volar/DET/mucho

268. Este pájaro no puede volar.
ngenu ts?insʉ dya sɔɔ ra-masogʉ
DEM/pájaro/NEG/poder/3FUT-volar

269. No puedo subirme al árbol.
dya ri-sɔɔ ra-tese-go a nu zaa
NEG/1PRES-poder/1FUT-subir-1ENF/a/ART/árbol

270. No pude entrar en la casa porque la puerta estaba cerrada.
dya ro-sɔɔ-go ra-kichi k?a nu ngumʉ nangeje nu ngoxti mi-bʉbʉ tsjotʉ-tjo
NEG/1PRET-poder-1ENF/1FUT-entrar/en/ART/casa/porque/ART/
puerta/3IMPERF-estar/cerrar-COMPL

271. Vas a poder cruzar el río cuando tenga poca agua.
ri-sɔɔ ri-dyasʉ nu dnare numʉ maa na ts?ʉka nu ndeje
2FUT-poder/2FUT-cruzar/ART/río/cuando/ir/DET/poco/ART/agua

272. Sé escribir, pero no puedo porque no tengo lápiz.
ri-fechi ra-ofʉ, pe dya ri-sɔɔ nangeje dya ri-jụụ lapi
1PRES-saber/1FUT-escribir/pero/NEG/1PRES-poder/porque/NEG/1PRES-
tener/lápiz

273. Quiero subirme a ese árbol pero no puedo.
ri-nee ra-tese-go a ngejenu zaa pe dya ri-sɔɔ
1PRES-saber/1FUT-subir-1ENF/a/DEM/árbol/pero/NEG/1PRES-poder

274. Puedo subirme a ese árbol, pero no quiero.
ri-sɔɔ ra-tese-go a ngejenu zaa, pe dya ri-nee
1PRES-poder/1FUT-subir-1ENF/a/DEM/árbol/pero/NEG/1PRES-querer

275. Tengo que trabajar.
ri-pɛsʔi ra-pɛfi
1PRES-tener/1FUT-trabajar

276. Ayer tuve que trabajar mucho.
minžøø ro-pɛsi ro-pɛfi na punkjʉ
ayer/1PRET-tener/1PRET-trabajar/DET/mucho

277. Tienes que trabajar.
i-pɛsi ri-pɛfi
2PRES-tener/2FUT-trabajar

278. Hay que quemar la basura.
ra-tjʉtʔʉ-jí nu dyabʉ
1FUT-quemar-PL/ART/basura

279. Va a haber que quemar la basura.
ra-tjʉtʔʉ-jí nu dyabʉ
1FUT-quemar-PL/ART/basura

280. No me gusta que te vayas.
dya ri-nee-go ri-maa-ge
NEG/1PRES-querer-1ENF/2FUT-ir-2ENF

281. Acuérdate de que tenemos que trabajar.
i-mbeñe-ge ri-pɛsʔi-go-jí ra-pɛfi-go-jí
2PRES-recordar-2ENF/2PRES-tener-1ENF-PL/1FUT-trabajar-1ENF-PL

282. No me gusta esa gente.
dya ri-nee-go ngejenu nte
NEG/1PRES-querer-1ENF/DEM/gente

No me gusta esa comida.
dya ri-nee-go ngejenu jñonʉ
NEG/1PRES-querer-1ENF/DEM/comida

283. Acuérdate de barrer la casa.
i-mbeñe-ge ri-paxʉ nu ngumʉ
2PRES-recordar-2ENF/2FUT-barrer/ART/casa

284. Me preguntó qué quería yo.
o-dyongʉ-zʉ fe mi-nee-go
3PRET-preguntar-1OBJ/qué/1IMPERF-querer-1ENF

285. Siempre pienso en mi familia.
texi yo paa ri-kinchi ko i-ñobʔe
siempre/ART PL/día/1PRES-pensar/con/1POS-familia

286. Mañana pienso salir temprano.
ra xǫrʉ ri-kinchi ra-pedye na xǫrtjo
mañana/1PRES-pensar/1FUT-salir/DET/temprano

287. No sé cuál quieres.
dya ri-pørʉ jankio i-nee
NEG/1PRES-conocer/cuál/3PRES-querer

288. Acostumbro levantarme temprano.
texi yo paa ri-nanʉ-go na xǫrtjo
todo/ART PL/día/1PRES-levantar-1ENF/DET/temprano

289. No me acostumbro a la comida de aquí.
dya ri-nee-go nu jñonʉ kʔo kjaa-ji ba
NEG/1PRES-querer-1ENF/ART/comida/de/hacer-PL/aquí

290. Lo acostumbró a levantarse temprano.
o-įchi ra-nʔangʉ na xǫrtjo
3PRET-enseñar/3FUT-levantarse/DET/temprano

291. Hoy empiezo a sembrar.
nu padya ra-fʉrʉ ra-tumʉ
ART/hoy/1FUT-empezar/1FUT-sembrar

292. Ayer empecé a sembrar.
minžøø ro-fʉrʉ ra-tumʉ
ayer/1PRET-empezar/1FUT-sembrar

293. Mañana voy a empezar a sembrar.
ra xo̜rʉ ra-fʉrʉ ra-tumʉ
mañana/1FUT-empezar/1FUT-sembrar

294. Hoy empieza la fiesta en el pueblo.
nu padya fʉrʉ nu mbaxkua kʔa nu jñiñi
ART/hoy/empezar/ART/fiesta/en/ART/pueblo

295. Hoy acabo de sembrar.
nu padya ra-kjuarʉ ra-tumʉ
ART/hoy/1FUT-acabar/1FUT-sembrar

296. Ayer acabé de sembrar.
minžøø ro-kjuarʉ ro-tumʉ
ayer/1PRET-acabar/1PRET-sembrar

297. Mañana voy a acabar de sembrar.
ra xo̜ru ra-kjuarʉ ra-tumʉ
mañana/1FUT-acabar/1FUT-sembrar

298. Hoy voy a seguir sembrando.
nu padya ra-tɛjpi ra-tumʉ-tjo
ART/hoy/3FUT-seguir/3FUT-sembrar-COMPL

299. Ayer seguí sembrando.
minžøø ro-tɛjpi ro-tumʉ-tjo
ayer/1PRET-seguir/1PRET-sembrar-COMPL

300. ¡Siga el camino!
chɛpi nu ñʔiji
seguir/ART/camino

301. Fui a verlo a su casa.
ro-maa ro-nuu kʔa nu ngumʉ
1PRET-ir/1PRET-ver/en/ART/casa

302. ¿Has ido alguna vez a Toluca?
ya i-paa-tjo naja paa a zʉmi
ya/2PRES-ir-COMPL/uno/día/a/Toluca

303. ¿Por qué no fueron ustedes?
fenangeje dya i-paa-ge-ji nútskʔe-ji
por qué/NEG/2PRET-ir-2ENF-PL/2PRON-PL

304. Vine todos los días por los caballos.
ro-ɛjɛ texi-ji yo paa ra-jodʉ yo fadʔʉ
1PRET-venir/todo-PL/ART PL/día/1FUT-buscar/ART PL/caballo

305. Súbete a bajar ese aguacate.
i-cheze-ge ri-dyakʉ ngejenu nu sʔonʉ
2PRES-subir-2ENF/2FUT-bajar/DEM/ART/aguacate

306. Ven a ayudarme.
ñekua ri-fɔxkʉ-go
venir/2FUT-ayudar-1OBJ

307. Ven a ayudarme a cargar el burro.
ñekua ri-fɔxkʉ-go ra-jøsø nu buru
venir/2FUT-ayudar-1OBJ/1FUT-cargar/ART/burro

308. Mis hijos se quedaron a cuidar la casa.
yo i-chʔii-go o-ngeme-ji ra-mbɔrʉ-ji nu ngumʉ
ART PL/1POS-hijo-1ENF/3PRET-quedar-PL/3FUT-cuidar-PL/ART/casa

309. ¡Baja a recogerlo!
dyagʉ ri-inʉsʉ
bajar/2FUT-recoger

310. Salió de la casa a saludarme.
o-mbedye kʔa nu ngumʉ ra-zengua-zʉ
3PRET-salir/en/ART/casa/3FUT-saludar-1OBJ

311. Ya me voy al mercado.
ya ra-maa-go kʔa nu chomʉ
ya/1FUT-ir-1ENF/en/ART/plaza

Ya mero me voy al mercado.
ya mero ra-maa kʔa nu chomʉ
ya/mero/1FUT-ir/en/ART/plaza

312. Ya mero me iba al mercado, pero me quedé en la casa.
ya mero mi-paa kʔa nu chomʉ, pero ro-kemě kʔa nu ngumʉ
ya/mero/1IMPERF-ir/en/ART/plaza/pero/1PRET-quedar/en/ART/casa

313. Hoy me pongo a trabajar.
nu padya ra-pefi
ART/hoy/1FUT-trabajar

314. Dejó aquí la canasta.
o-zogʉ anuba nu bosi
3PRET-dejar/aquí/ART/canasta

315. Dejó abierta la puerta.
o-zogʉ sokʉ-tjo nu ngoxti
3PRET-dejar/abrir-COMPL/ART/puerta

316. Déjalo entrar.
ri-jyɛzi ra-ngiechi
2FUT-dejar/3FUT-entrar

317. No dejó de trabajar aunque estaba enfermo.
dya o-jyɛzi ra-ngiechi manque bʉbʉ jñeñe
NEG/3PRET-dejar/3FUT-entrar/aunque/estar/enfermo

318. Trabajo todos los días.
ri-pɛfi texi-ji yo paa
1PRES-trabajar/todo-PL/ART PL/día

319. Hace un año que no trabajo.
ya paa naja kjɛɛ fe dya ri-pɛfi
ya/ir/uno/año/que/NEG/1PRES-trabajar

320. No trabajo desde ayer.
dya ri-pɛfi-go ndeze minžøø
NEG/1PRES-trabajar-1ENF/desde/ayer

321. Este año trabajé mucho.
ngenu kjɛɛ ri-pɛfi na punkjʉ
DEM/año/1PRES-trabajar/DET/mucho

322. Estoy trabajando desde ayer.
ri-bʉbʉ-go ri-pɛfi-tjo ndeze minžøø
1PRES-estar-1ENF/1PRES-trabajar-COMPL/desde/ayer

323. Esta mañana trabajé mucho.
ngenu xǫrʉ ro-pɛfi na punkjʉ
DEM/mañana/1PRET-trabajar/DET/mucho

324. Siempre trabajo en la tarde.
texi yo paa ri-pɛfi kʔa nu nžøø
todo/ART PL/día/1PRES-trabajar/en/ART/tarde

325. Mañana trabajo.
ra xǫrʉ ra-pɛfi
mañana/1FUT-trabajar

326. ¿Trabajarás (ahora)?
ri-pɛfi-ge nudya
2FUT-trabajar-2ENF/ahora

327. ¿Trabajarás (mañana)?
ri-pɛfi-ge
2FUT-trabajar-2ENF

328. Hoy voy a trabajar otra vez.
nu padya ra-maa yepe ra-pɛfi
ART/hoy/1FUT-ir/otra vez/1FUT-trabajar

329. Juan ya está trabajando.
e xuba ya bʉbʉ pɛfi-tjo
ART REV/Juan/ya/estar/trabajar-COMPL

330. ¡Empieza a trabajar!
ri-fʉrʉ-ge ri-pɛfi-ge
2FUT-empezar-2ENF/2FUT-trabajar-2ENF

331. Me dio pena no poder ayudarlo.
o-dyakʉ-zʉ naja tseje dya ro-sɔɔ ro-fɔxkʉ
3PRET-dar-1OBJ/uno/vergüenza/NEG/1PRET-poder/1PRET-ayudar

332. Ese árbol se va a caer pronto.
ngejenu zaa ra-nʉgʉ nadametjo
DEM/árbol/3FUT-caer/pronto

333. El árbol se cayó.
nu zaa o-nʉgʉ
ART/árbol/3PRET-caer

334. Se me hinchó el pie.
o-nedyɛ-zʉ i-kjuaa
3PRET-hinchar-1OBJ/1POS-pie

335. Tengo el pie hinchado.
ri-juu i-kjuaa kua ndeyɛ
1PRES-tener/1POS-pie/ENF/hinchar

336. Me ensucié la camisa con lodo.
ro-poxku-zʉ i-pønø ko mbejɔmʉ
1PRET-ensuciar-1OBJ/1POS-camisa/con/lodo

337. Se me ensució la camisa con lodo.
ro-poxku-zʉ i-pønø ko mbejɔmʉ
1PRET-ensuciar-1OBJ/1POS-camisa/con/lodo

338. La lumbre arde bien.
nu sibi zørø na joo
ART/lumbre/arder/DET/bien

339. Tu casa está ardiendo.
i-nzumʉ bʉbʉ zørø-tjo
2POS-casa/estar/arder-COMPL

340. Quemé las tortillas.
ro-tsʉtʉ yo xɛdyi
1PRET-quemar/ART PL/tortilla

341. Las tortillas se quemaron.
yo xɛdyi o-ndee-jí
ART PL/tortilla/3PRET-quemar-PL

342. Las tortillas están quemadas.
yo xɛdyi bʉbʉ-jí ya ndee-tjo-jí
ART PL/tortilla/estar-PL/ya/quemar-COMPL-PL

343. Me duele la cabeza.
na ʉzʉ i-ñii
DET/dolor/1POS-cabeza

344. Mi hijo se enfermó.
mi-chii-go o-jñeñe
1POS-hijo-1ENF/3PRET-enfermar

345. Mi hijo está enfermo.
mi-chii-go bʉbʉ jñeñe
1POS-hijo-1ENF/estar/enfermo

346. Estoy enfermo.
ri-bʉbʉ ri-jñeñe
1PRES-estar/1PRES-enfermar

347. Estuve enfermo.
ro-bʉbʉ ro-jñeñe
1PRET-estar/1PRET-enfermar

348. Mi tía se murió.
mi-zizi-go o-ndųų
1POS-tía-1ENF/3PRET-morir

349. Ese hombre está muerto.
ngejenu bɛzo bʉbʉ ya ndųų-tjo
DEM/hombre/estar/ya/morir-COMPL

350. Juan se ríe mucho.
e xuba o-tjɛñe na punkjʉ
ART REV-Juan/3PRET-reír/DET/mucho

351. Juan se ríe de ti.
e xuba o-tjɛn-kʔe
ART REV/Juan/3PRET-reír-2OBJ

352. A ese hombre lo mataron ayer.
a ngejenu bɛzo o-mbɔtʔʉ-jí minžøø
a/DEM/hombre/3PRET-matar-PL/ayer

353. Me cansé en la subida.
ro-zokʉ-zʉ kʔa nu nʔørø-tjo
1PRET-cansarse-1OBJ/en/ART/subir-COMPL

354. Ahora estoy cansado.
nudya ri-bʉbʉ ya zokʉ-tjo
ahora/1PRES-estar/ya/cansarse-COMPL

355. El caballo se cansó.
nu fadʔʉ o-zogʉ
ART/caballo/3PRET-cansarse

356. El caballo está cansado.
nu fadʔʉ bʉbʉ ya zogʉ-tjo
ART/caballo/estar/ya/cansarse-COMPL

357. Cansó al caballo.
o-zogʉ nu fadʔʉ
3PRET-cansarse/ART/caballo

358. María está durmiendo al nene.
e mali bʉbʉ na i̜ji̜-tjo a nu lele
ART REV/María/estar/?/dormir-COMPL/a/ART/nene

359. Vicenta se durmió.
e senta o-i̜ji̜
ART REV/Vicenta/3PRET-dormir

360. Vicenta hizo dormir al nene.
e senta o-tsjaapʉ ra-i̜ji̜ a nu lele
ART REV/Vicenta/3PRET-hacer/3FUT-dormir/a/ART/nene

361. Benito va a agrandar la casa.
e bento ra-tsjaapʉ na nojo nu ngumʉ
ART REV/Benito/3FUT-hacer/DET/grande/ART/casa

362. María va a achicar la camisa.
e mali ra-tsjaapʉ na tsʔʉka nu pøjnø
ART REV/María/3FUT-hacer/DET/chico/ART/camisa

363. Benito agranda la casa todos los años.
e bento kjaa-pʉ na nojo nu ngumʉ texi-ji yo kjɛɛ
ART REV/Benito/hacer-?/DET/grande/ART/casa/todo-PL/ART PL/año

364. El chile se pone rojo cuando madura.
nu ii mbagʉ numʉ ra ndøø
ART/chile/rojo/cuando/maduro

365. Benito blanqueó la casa.
e bento o-chʔɔxkʉ nu ngumʉ
ART REV/Benito/3PRET-blanquear/ART/casa

366. La olla es negra.
nu sʔøbʔø ngeje na potjʉ
ART/olla/ser/DET/negro

367. El humo ennegreció la olla.
nu bifi o-pokjʉ nu sʔøbʔø
ART/humo/3PRET-negro/ART/olla

368. Este niño ahora es malo pero se va a hacer bueno.
ngenu tʔii nudya ngeje na sʔoo pe ra-tsjaa na jo tʔii
DEM/niño/ahora/ser/DET/malo/pero/3FUT-hacer/DET/bueno/niño

369. Benito me hizo reír.
e bento o-tsjaa-kʉ-zʉ ra-tjeñe
ART REV/Benito/3PRET-hacer-?-1OBJ/3FUT-reír

370. Agujereé la tabla.
ro-chʔokʉ nu ndaxichʔe
1PRET-agujerear/ART/tabla

371. La tabla está agujereada.
nu ndaxichʔe ya bʉbʉ chʔojʉ-tjo
ART/tabla/ya/estar/agujerear-COMPL

372. Enlodé la canasta.
ro-dyambęjɔmʉ nu bosi
1PRET-enlodar/ART/canasta

373. La canasta está enlodada.
nu bosi bʉbʉ dyambęjɔmʉ
ART/canasta/estar/enlodar

374. La canasta se enlodó.
nu bosi o-dyambęjɔmʉ
ART/canasta/3PRET-enlodar

375. La canasta tiene lodo en el asa.
nu bosi tuu mbęjɔmʉ kʔa nu ngɔɔ
ART/canasta/tener/lodo/en/ART/oreja

376. El asa de la canasta está enlodada.
nu ngɔɔ kʔo nu bosi bʉbʉ dyambęjɔmʉ
ART/oreja/de/ART/canasta/estar/enlodar

377. Mi perro se murió.
i-dyo-go o-ndųų
1POS-perro-1ENF/3PRET-morir

378. Benito mató a mi perro.
e bento o-mbɔtʉ i-dyo-go
ART REV/Benito/3PRET-matar/1POS-perro-1ENF

379. Benito hizo matar a mi perro.
e bento o-tsjaa ra-mbɔtʉ i-dyo-go
ART REV/Benito/3PRET-hacer/3FUT-matar/1POS-perro-1ENF

380. Él me hizo matar a mi perro.
angézé o-tsjaakʉ ro-pɔtʉ nu dyoo
3PRON/3PRET-hacer/1PRET-matar/ART/perro

381. Él me obligó a matar al perro.
angézé o-tsjaakʉ ro-pɔtʉ nu dyoo
3PRON/3PRET-hacer/1PRET-matar/ART/perro

382. Yo traje la leña.
nuzgó ro-tuu nu zaa
1PRON/1PRET-traer/ART/leña

383. Me hizo traer la leña.
o-tsjaakʉ-zʉ ra-tuu nu zaa
3PRET-hacer-1OBJ/1FUT-traer/ART/leña

384. Vicenta calentó el agua.
e senta o-paatʉ nu ndeje
ART REV/Vicenta/3PRET-calentar/ART/agua

385. El agua está caliente.
nu ndeje bʉbʉ na paa
ART/agua/estar/DET/caliente

386. ¡No arrugues ese trapo!
dya ri-nžønxʉ-ge nu bitu
NEG/2FUT-arrugar-2ENF/ART/ropa

387. El trapo está arrugado.
nu bitu bʉbʉ nžønxʉ
ART/ropa/estar/arrugar

388. Vicenta lavó los platos.
e senta o-xiibi yo mohmʉ
ART REV/Vicenta/3PRET-lavar/ART PL/plato

389. Los platos están lavados.
yo mohmʉ bʉbʉ xiibi-jí
ART PL/plato/estar/lavar-PL

390. Benito cerró la puerta.
e bento o-ngotʉ nu ngoxti
ART REV/Benito/3PRET-cerrar/ART/puerta

Benito abrió la puerta.
e bento o-xokʉ nu ngoxti
ART REV/Benito/3PRET-abrir/ART/puerta

391. La puerta se cerró.
nu ngoxti o-tsjotʉ
ART/puerta/3PRET-cerrar

La puerta se abrió.
nu ngoxti o-xogʉ
ART/puerta/3PRET-abrir

392. La puerta está cerrada.
nu ngoxti bʉbʉ tsjotʉ
ART/puerta/estar/cerrar

La puerta está abierta.
nu ngoxti bʉbʉ xogʉ
ART/puerta/estar/abrir

393. El caballo está corriendo.
nu fadʔʉ bʉbʉ nʔanguadyi
ART/caballo/estar/correr

394. Benito está haciendo correr al caballo.
e bento bʉbʉ kjaapʉ ra-nʔanguadyi nu fadʔʉ
ART REV/Benito/estar/hacer/3FUT-correr/ART/caballo

395. Benito se sentó.
e bento o-jñu̧rʉ
ART REV/Benito/3PRET-sentar

396. Benito sentó al niño en la mesa.
e bento o-ñʔeme e tʔii kʔa nu mexa
ART REV/Benito/3PRET-sentar/REV/niño/en/ART/mesa

397. Esta milpa fue sembrada por mis hijos.
ngenu juømʉ o-ndumʉ i-chʔi-go
DEM/milpa/3PRET-sembrar/1POS-hijo-1ENF

298. Llegó cantando.
o-søjø tɔjɔ-tjo
3PRET-llegar/cantar-COMPL

399. Pasó silbando.
o-kjogʉ jʉxʉ-tjo
3PRET-pasar/silbar-COMPL

400. Pasó sin verme.
o-kjogʉ dya jñan-zʉ
3PRET-pasar/NEG/ver-1OBJ

401. Llegó cansado.
o-søjø ya zogʉ-tjo
3PRET-llegar/ya/cansar-COMPL

402. Se rió hasta caerse.
o-tjɛñe ñe o-nʉgʉdʔeze
3PRET-reír/y/3PRET-caerse

403. Trabaja sin ganas.
pɛfi dya texi ko mʉbʉ
trabajar/NEG/todo/con/corazón

Trabaja con ganas.
pɛfi ko texi mʉbʉ
trabajar/con/todo/corazón

404. Vino a pie.
o-ɛjɛ o-nžon-tjo
3PRET-venir/3PRET-caminar-COMPL

405. Vino a caballo.
o-ɛjɛ ko fadʔʉ
3PRET-venir/con/caballo

406. Salió con sombrero.
o-mbedye ko tjʉnsʉ
3PRET-salir/con/sombrero

Salió sin sombrero.
o-mbedye dya ko tjʉnsʉ
3PRET-salir/NEG/con/sombrero

407. Trabaja apurado.
pɛfi pura-tjo
trabajar/apurar-COMPL

408. Lo amarró apenas (Lo acaba de amarrar).
kjami tjʉntʉ
apenas/amarrar

409. Lo amarró con dificultad.
o-ndʉtʉ ko nu sɛži
3PRET-amarrar/con/ART/difícil

410. Me llamó a gritos.
o-matkʉ-zʉ na jɛnse
3PRET-llamar-1OBJ/DET/fuerte

411. ¡Habla en voz alta!
ñaa na ta-jɛnse
hablar/DET/AUM-fuerte

¡Habla en voz baja!
ñaa dya na jɛnse
hablar/NEG/DET/fuerte

412. ¡Mantén el mecate tirante!
tsjøøjøji nu tsʉmʉ na nžʉʉ
mantener/ART/lazo/DET/apretado

¡Mantén el mecate firme!
tsjøøjøji nu tsʉmʉ na zɛži
mantener/ART/lazo/DET/fuerte

413. ¡Mantén el brazo rígido!
tsjøøjøji i-madyɛ na zɛži
mantener/2POS-brazo/DET/fuerte

¡Mantén el brazo flojo!
tsjøøjøji i-madyɛ dya na nžʉʉ
mantener/2POS-brazo/NEG/DET/apretado

414. ¡Camina en línea recta!
nžodʔʉ kʔa nu ñʔiji na nde-tjo
caminar/en/ART/camino/DET/derecho-COMPL

415. ¡Siéntate derecho!
jñu̜rʉ-ge na nde-tjo
sentar-2ENF/DET/derecho-COMPL

416. Arrojó la piedra con fuerza.
o-pønʉ nu ndojo na zεži
3PRET-aventar/ART/piedra/DET/fuerza

Arrojó la piedra sin fuerza.
o-pønʉ nu ndojo dya na zεži
3PRET-aventar/ART/piedra/NEG/DET/fuerza

417. La espina se me clavó profundamente.
nu bidyi o-ngichʔi-zʉ a ta-mboʔo
ART/espina/3PRET-clavar-1OBJ/a/AUM-adentro

La espina se me clavó superficialmente.
nu bidyi o-ngichʔi-zʉ axese-tjo
ART/espina/3PRET-clavar-1OBJ/superficialmente-COMPL

418. ¡Frota el golpe con suavidad!
jmanchʔa ri-kuøxʉ jaje dyempi
despacio/2FUT-sobar/donde/golpear

¡Frota el golpe con energía!
kuøxʉ na zεži kʔa dyempi
sobar/DET/recio/en/golpear

419. ¡Levanta el costal poco a poco!
pasʔʉ nu mape ndematsʔʉka ndematsʔʉka
levantar/ART/costal/poco a poco

¡Levanta el costal de una vez!
pasʔʉ naja ndame-tjo nu mape
levantar/uno/rápido-COMPL/ART/costal

420. ¡No cierres la puerta de golpe!
dya ri-tsjotʉ nu ngoxti na zɛži
NEG/2FUT-cerrar/ART/puerta/DET/fuerte

421. De día puedo caminar rápido.
numʉ ndempa ri-xɔɔ ra-nžodʔʉ na niji
cuando/de día/1PRES-poder/3FUT-caminar/DET/rápido

422. De noche tengo que caminar despacio.
numʉ ra xomʉ ri-pɛsi ra-nžodʔʉ dya niji
cuando/noche/1PRES-tener/3FUT-caminar/NEG/rápido

423. Andrés usó un mecate como faja.
e andré kjaapʉ naja tjʉmʉ nzikja naja mbʉtʔʉ
ART REV/Andrés/hacer/uno/lazo/como/uno/faja

424. ¿De qué murió tu tío?
fe bi-ndu̧u̧ ni-uee-ge
qué/3IRR-morir/2POS-tío-2ENF

425. Murió de viruela.
o-ndu̧u̧ kʔo sʔo-xøxø
3PRET-morir/con/malo-grano

426. ¿Cuánto cuesta esta canasta?
janzi̧i̧ i-tjʉnʉ ngenu bosi
cuánto/2PRES-dar/DEM/canasta

427. Cuesta diez pesos.
ri-tjʉnʉ dyɛchʔa mbezo
1PRES-dar/diez/peso

428. ¿Cuánto pesa este costal?
janzi̧i̧ pesa ngejenu mape
cuánto/pesar/DEM/costal

429. Pesa diez kilos.
pesa dyɛchʔa kilo
pesar/diez/kilo

430. ¡Corta el mecate con el cuchillo!
dyokʉ nu tjʉmʉ ko nu tję̧dyi
cortar/ART/lazo/con/ART/cuchillo

431. ¡Rómpelo con las manos!
tsʔʉkʉ ko yo i-dyɛɛ
arrancar/con/ART PL/2POS-mano

432. ¡Átalo con este mecate!
chų̧ų̧tʔu ko ngejenu tjʉmʉ
atar/con/DEM/lazo

433. ¿Cómo vas a llevar la leña?
ja ri-tsjaapʉ pa ri-chuusʉ nu zaa
cómo/2FUT-hacer/para/2FUT-llevar/ART/palo

434. La voy a llevar en el burro.
ra-tuusʉ ko nu buru
1FUT-llevar/con/ART/burro

435. ¿Con quién viniste del pueblo?
kjongeje i-søjjø-ge a nu jñiñi
con quién/2PRET-venir-2OBJ/a/ART/pueblo

436. Vine en camión.
ro-ɛjɛ kʔa naja camio
1PRET-venir/en/uno/camión

437. Vine en mula.
ro-ɛjɛ kʔa naja mula
1PRET-venir/en/uno/mula

438. Las canastas se hacen de palma.
yo bosi kjaa-ji kʔo timi
ART PL/canasta/hacer-PL/de/palma

439. Las ollas se hacen de barro.
yo sʔøbʔø kjaa-ji kʔo mejɔmʉ
ART PL/olla/hacer-PL/de/lodo

440. ¡Llena la olla con agua!
nichi nu sʔøbʔø kʔo ndeje
llenar/ART/olla/de/agua

441. ¡Aparta la rama con el pie!
makʉ nu dyɛza ko i-kjua
apartar/ART/rama/con/2POS-pie

442. ¡No golpees la olla con el palo!
dya ri-dyee nu sʔøbʔø ko nu zaa
NEG/2FUT-golpear/ART/olla/con/ART/palo

443. Para hacer adobe, se mezcla lodo con paja.
pa ra-tsjaa ñijɔmʉ chønø mbejɔmʉ ko paxa
para/3FUT-hacer/adobe/mezclar/lodo/con/paja

444. Vino con Andrés.
o-ɛjɛ ko e andré
3PRET-venir/con/ART REV/Andrés

445. Vino con mi amigo.
o-ɛjɛ ko naja i-ñobʔe
3PRET-venir/con/uno/1POS-amigo

446. Vino conmigo.
o-ɛjɛ kjongezgo
3PRET-venir/conmigo

447. Benito y Andrés trabajan juntos.
e bento ñe e andré nʔatjo pɛfi-bí
ART REV/Benito/y/ART REV/Andrés/junto/trabajar-DU

448. ¿Cuántas veces viniste?
janzi̜i̜ yo paa i-ɛjɛ-ge
cuánto/ART PL/día/2PRET-venir-2ENF

449. ¿Dónde está sentado el niño?
jaje ju̜rʉ-tjo nu tsʔitʔi
dónde/sentar-COMPL/ART/niño

450. Está sentado enfrente de mí.
bʉbʉ ju̧rʉ-tjo kʔa bextjo a-jmi-go
estar/sentar-COMPL/en/cerca/a-enfrente-1ENF

Está sentado detrás de mí.
bʉbʉ ju̧rʉ-tjo axʉtʉ a nuzgó
estar/sentar-COMPL/detrás/a/1PRON

Está sentado delante de mí.
bʉbʉ ju̧rʉ-tjo na bextjo a ngezgo
estar/sentar-COMPL/DET/cerca/a/mí

Está sentado junto de mí.
bʉbʉ ju̧rʉ-tjo nʔatso a ngezgo
estar/sentar-COMPL/junto/a/mí

451. Mi papá entró a la casa (allá).
mi-jya-go o-ngichʔi-kʔu a nu ngumʉ
1POS-papá-1ENF/3PRET-entrar-allá/a/ART/casa

Mi papá entró a la casa (acá).
mi-jya-go o-ngichʔi a nu ngumʉ-ba
1POS-papá-1ENF/3PRET-entrar/a/ART/casa-acá

452. ¿A dónde entró tu papá?
jaje o-ngichʔi ni-jyoo-ge
dónde/3PRET-entrar/2POS-papá-2ENF

453. Mi papá salió de la casa.
mi-jyoo-go o-mbedye kʔa nu ngumʉ
1POS-papá-1ENF/3PRET-salir/en/ART/casa

454. ¿De dónde salió tu papá?
kʔo jaje o-mbedye ni-jyoo-ge
de/dónde/3PRET-salir/2POS-papá-2ENF

455. El gato se subió al árbol.
nu mixi o-ndese kʔa nu zaa
ART/gato/3PRET-subir/en/ART/árbol

456. El gato bajó del árbol.
nu mixi o-dʔagʉ kʔa nu zaa
ART/gato/3PRET-bajar/en/ART/palo

457. Puso el dinero en el bolsillo.
o-ngotʔu nu merio kʔa nu mbuxa
3PRET-poner/ART/dinero/en/ART/bolsa

458. Sacó el dinero del bolsillo.
o-ngømʉ nu merio kʔa nu mbuxa
3PRET-sacar/ART/dinero/en/ART/bolsa

459. Andrés salió por la puerta.
e andré o-mbedye po kʔa nu ngoxti
ART REV/Andrés/3PRET-salir/por/en/ART/puerta

460. Andrés se cayó en el pozo.
e andré o-zoo kʔa nu mɛjɛ
ART REV/Andrés/3PRET-caer/en/ART/pozo

461. Andrés se sentó en la silla.
e andré o-jñu̜ri kʔa nu tjʉnʉ
ART REV/Andrés/3PRET-sentarse/en/ART/banco

462. Andrés se sentó en el suelo.
e andré o-jñu̜ri kʔa nu jɔmʉ
ART REV/Andrés/3PRET-sentarse/en/ART/suelo

463. Andrés se cayó del techo.
e andré o-ndogʉ kʔa nu ndenzumʉ
ART REV/Andrés/3PRET-caer/en/ART/techo

464. Andrés se cayó sobre el techo. (Estaba subido en un árbol y…)
e andré o-ndogʉ kʔa nu ndenzumʉ
ART REV/Andrés/3PRET-caer/en/ART/techo

464. Andrés viene de Toluca.
e andré ɛjɛ a zʉmi
ART REV/Andrés/venir/a/Toluca

Andrés viene del pueblo.
e andré ɛjɛ a nu jñiñi
ART REV/Andrés/venir/a/ART/pueblo

Andrés viene de la milpa.
e andré ɛjɛ a nu juømʉ
ART REV/Andrés/venir/a/ART/milpa

466. Andrés no vino por el camino sino a través de la milpa.
e andré dya o-ɛjɛ po nu ñʔiji o-ɛjɛ po kʔa nu juømʉ
ART REV/Andrés/NEG/3PRET-venir/por/ART/camino/3PRET-venir/por/en/ART/milpa

467. Andrés se cayó por el río.
e andré o-nʉgʉ kʔa nu ndare
ART REV/Andrés/3PRET-caer/en/ART/río

Andrés se cayó en el agua.
e andré o-ndogʉ kʔa nu ndeje
ART REV/Andrés/3PRET-caer/en/ART/agua

468. Andrés se metió en el río.
e andré o-zootʔʉ a nu ndare
ART REV/Andrés/3PRET-meterse/a/ART/río

469. Andrés se está bañando en el río.
e andré na xaja-tjo kʔa nu ndare
ART REV/Andrés/?/bañarse-COMPL/en/ART/río

470. Vayamos hasta el río.
ra-mɔjɔ kʔa nu ndare
1FUT-ir (EXHORT)/en/ART/río

471. Andrés llegó hasta mi casa y no quiso seguir caminando.
e andré o-zøtø kʔa i-nzumʉ-go ñe dya o-nee ra-ndehpi nžodʉ-tjo
ART REV/Andrés/3PRET-llegar/en/1POS-casa-1ENF/y/NEG/3PRET-querer/3FUT-seguir/caminar-COMPL

472. Andrés pasó por mi casa.
e andré o-kjogʉ po i-nzumʉ-go
ART REV/Andrés/3PRET-pasar/por/1POS-casa-1ENF

473. Andrés vino por el lado del río.
e andré o-ɛjɛ po nu nʔanuarʉ nu ndare
ART REV/Andrés/3PRET-venir/por/ART/lado/ART/río

474. En medio del camino hay una piedra grande.
kʔa nu ndee nu nʔiji bʉbʉ naja ndojo na nojo
en/ART/medio/ART/camino/estar/uno/piedra/DET/grande

475. Al lado del camino hay árboles.
kʔa nu nʔanguarʉ nu ñʔiji bʉbʉ yo zaa
en/ART/lado/ART/camino/estar/ART PL/árbol

476. El centro del comal está quebrado.
kʔa nu ndee nu ndedye bʉbʉ cheme-tjo
en/ART/medio/ART/comal/estar/quebrar-COMPL

477. Hay una mosca en el centro del comal.
tøgø naja gibe kʔa nu ndeʔe nu ndedye
estar pegado/uno/mosca/en/ART/medio/ART/comal

478. El comal se partió por en medio.
nu ndedye o-cheme po kʔa nu ndeʔe
ART/comal/3PRET-partir/por/en/ART/medio

479. Andrés es el de en medio. (De esos tres hombres que se acercan.)
e andré ngeje nukʔʉ bʉbʉ a ndeʔe
ART REV/Andrés/ser/el que/estar/a/medio

480. Vamos a sembrar de este lado de la casa.
mɔjɔ ra-tumʉji kʔa ngejenu nʔanguarʉ a nu ngumʉ
ir PL/1FUT-sembrar/en/DEM/lado/en/ART/casa

481. ¿Siembran ustedes a la orilla del camino?
i-tumʉ-jí nútskʔe-jí kʔa nu nʉnʉ nu ñʔiji
2PRES-sembrar-PL/2PRON-PL/en/ART/orillla/ART/camino

482. El hombre salió.
e bɛzo o-mbedye
ART REV/hombre/3PRET-salir

483. El hombre está borracho.
e bɛzo bʉbʉ nati̜i̜
ART REV/hombre/estar/borracho

484. El hombre que salió estaba borracho.
e bɛzo ya o-mbedye bʉbʉ nati̜i̜
ART REV/hombre/ya/3PRET-salir/estar/borracho

485. El hombre salió borracho.
e bɛzo o-mbedye nati̜i̜
ART REV/hombre/3PRET-salir/borracho

486. Vi al hombre que estaba borracho.
ro-jøndø e bɛzo mi-bʉbʉ nati̜i̜
1PRET-ver/ART REV/hombre/3IMPERF-estar/borracho

487. Encontré borracho al hombre.
ro-tɔtʔʉ nati̜i̜ a e bɛzo
1PRET-encontrar/borracho/a/ART REV/hombre

488. Vine con el hombre que estaba borracho.
ro-ɛjɛ ko e bɛzo mi-bʉbʉ nati̜i̜
1PRET-venir/con/ART REV/hombre/3IMPERF-estar/borracho

489. ¿Cuál de los hombres que estaban borrachos salió?
kongeje yo bɛzo mi-bʉbʉ-jí nati̜i̜ o-mbedye
cuál/ART PL/hombre/3IMPERF-estar-PL/borracho/3PRET-salir

490. El hombre mató al perro.
e bɛzo o-mbɔtʔʉ a nu dyoo
ART REV/hombre/3PRET-matar/a/ART/perro

491. El perro estaba mordiendo al hombre.
nu dyoo bʉbʉ sodʔyʉ-tjo e bɛzo
ART/perro/estar/morder?-COMPL/ART REV/hombre

492. El perro me estaba mordiendo.
nu dyoo mi-bʉbʉ-zʉ songʉ-tjo
ART/perro/3IMPERF-morder-1OBJ/morder-COMPL

493. El hombre mató al perro que lo estaba mordiendo.
no bɛzo o-mbɔtʔʉ nu dyoo fe mi-bʉbʉ songʉ-tjo
ART/hombre/3PRET-matar/ART/perro/que/3IMPERF-estar/morder-COMPL

El hombre mató al perro que me estaba mordiendo.
no bɛzo o-mbɔtʔʉ nu dyoo fe mi-bʉbʉ-zʉ songʉ-tjo
ART/hombre/3PRET-matar/ART/perro/que/3IMPERF-estar-1OBJ/morder-COMPL

494. El perro estaba enfermo.
nu dyoo mi-bʉbʉ mi-ñeñe
ART/perro/3IMPERF-estar/3IMPERF-enfermar

495. El perro que mató ese hombre estaba enfermo.
nu dyoo fe o-mbɔtʔʉ ngejenu bɛzo mi-bʉbʉ jñene
ART/perro/que/3PRET-matar/DEM/hombre/3IMPERF-estar/enfermar

496. El perro que mató ese hombre me estaba mordiendo.
nu dyoo fe o-mbɔtʔʉ ngejenu bɛzo mi-bʉbu-zʉ gongʉ-tjo
ART/perro/que/3PRET-matar/DEM/hombre/3IMPERF-estar-1OBJ/morder-COMPL

497. ¿Cuál de los hombres que mataron al perro salió?
fenangeje yo bɛzo o-mbɔtʔʉ-jí nu dyoo o-mbedye
cuál/ART PL/hombre/3PRET-matar-PL/ART/perro/3PRET-salir

498. Salió el hombre al que le maté al perro.
o-mbedye nu bɛzo nukʔʉ ro-mbɔtʔʉ nu dyoo
3PRET-salir/ART/hombre/al que/1PRET-matar/ART/perro

499. El hombre salió de la casa en la que mató al perro.
nu bɛzo o-mbedye kʔa nu ngumʉ nukʉ o-mbɔtʔʉ nu dyoo
ART/hombre/3PRET-salir/en/ART/casa/en la que/3PRET-matar/ART/perro

500. Encontré el machete donde lo dejaste.
ro-totʔʉ nu pone-tʔɛdyi jaje i-jyɛzi-ge
1PRET-encontrar/ART/curvo-cuchillo/donde/2PRET-dejar-2ENF

501. Vine en camión desde donde nos separamos.
ro-ɛjɛ kʔa nu camió ndeza jaje ro-yjagʉ-zʉ-jí
1PRET-venir/en/ART/camión/desde/donde/1PRET-separar-1OBJ-PL

502. ¡Dame la botella que tiene agua!
dyakʉ-zʉ nu xitjo fe kuatʔʉ ndeje
dar-1OBJ/ART/vidrio/que/guardar/agua

503. ¡Dame una botella que tenga agua!
dyakʉ-zʉ naja xitjo fe kuatʔʉ ndeje
dar-1OBJ/uno/vidrio/que/guardar/agua

504. ¡Dame la caja donde guardas los cerillos!
dyakʉ-zʉ nu kaja jaje i-kuatʔʉ yo sério
dar-1OBJ/ART/caja/donde/2PRES-guardar/ART PL/cerillo

505. ¡Dame el cuchillo con que cortas la carne!
dyakʉ-zʉ nu tʔɛdyi nukʔu i-okʉ nu ngeʔe
dar-1OBJ/ART/cuchillo/con que/2PRES-cortar/ART/carne

506. No conozco al señor con el que viniste.
dya ri-pørʉ nu tata nukʔu i-ɛjɛ-ge
NEG/1PRES-conocer/ART/señor/el que/2PRES-venir-2ENF

507. Vi al señor al que le vendiste la gallina.
ro-jøndʉ nu tata nukʔu i-pɔpʉ nu sungɔñi
1PRET-ver/ART/señor/el que/2PRET-vender/ART/gallina

508. Éste es el señor que vimos sembrando. (El que sembraba era el señor.)
ngejenu ngeje nu tata fe ro-jøndʉ-jí tumʉ-tjo
DEM/ser/ART/señor/que/1PRET-mirar-PL/sembrar-COMPL

509. Él es viejo.
angézé ngeje ya xita
3PRON/ser/ya/viejo

510. Él es el más viejo.
angézé ngeje nu mø na xita
3PRON/ser/ART/más/DET/viejo

511. El más viejo se murió.
nu mø na xita ya o-ndu̜u̜
ART/más/DET/viejo/ya/3PRET-morir

512. El borde del comal está quebrado.
nu añʉnʉ nu ndedye ya bʉbʉ cheme-tjo
ART/borde/ART/comal/ya/estar/quebrar-COMPL

513. El caballo de Andrés se murió.
nu fadʔʉ e andré o-ndu̜u̜
ART/caballo/ART REV/Andrés/3PRET-morir

514. El caballo de tu amigo se murió.
nu fadʔʉ kʔo i-ñojui o-ndu̜u̜
ART/caballo/de/2POS-amigo/3PRET-morir

515. El techo de la casa se cayó.
nu ndenzumʉ nu ngumʉ o-nʉgʉ
ART/techo/ART/casa/3PRET-caerse

516. El techo de la casa de mi padre se cayó.
nu ndenzumʉ nu ngumʉ mi-jyio-go o-nʉgʉ
ART/techo/ART/casa/1POS-padre-1ENF/3PRET-caerse

517. El mango del machete está quebrado.
nu nguaʔa nu pone-tɛdyi bʉbʉ ya uagʉ-tjo
ART/pie/ART/curvo-cuchillo/estar/ya/quebrar-COMPL

518. El agua de este pozo es mala.
nu ndeje kʔo ngenu mɛjɛ ngeje na sʔoo
ART/agua/de/DEM/pozo/ser/DET/malo

519. El agua del río está sucia.
nu ndeje kʔa nu ndare bʉbʉ na poxʉ
ART/agua/en/ART/río/estar/DET/sucio

520. Tengo un cinturón de piel.
ri-køjø naja mbʉtʔʉ xii-fadʔʉ
1PRES-traer/uno/faja/piel-caballo

521. El agua de la olla está hirviendo.
nu ndeje kʔo nu sʔøbʔø bʉbʉ banʉ-tjo
ART/agua/de/ART/olla/estar/hervir-COMPL

522. El viento del norte es frío.
nu ndømʉ kʔo ɛjɛ adʉbʉ ngeje na see
ART/viento/de/venir/norte/ser/DET/frío

523. El costal para el café está agujerado.
nu mape pa nu kafé bʉbʉ ya chogʉ-tjo
ART/costal/para/ART/café/estar/ya/agujerear-COMPL

524. El costal de café pesa mucho.
nu mape kʔo kafé na jyʉʉ na punkjʉ
ART/costal/de/café/?/pesar/DET/mucho

525. El perro negro es mío.
nu dyoo na potju ngeje i-tsjaa-go
ART/perro/DET/negro/ser/1POS-haber-1ENF

526. Ese perro chico negro es mío.
ngejenu dyoo na tsʔʉka na potju ngeje i-tsjaa-go
DEM/perro/DET/chico/DET/negro/ser/1POS-haber-1ENF

527. La pared de ladrillos es más fuerte que la de adobe.
nu ndʉngumʉ kʔo lagrio ngeje mø na zɛži nzi nu ñijɔmʉ
ART/pared/de/ladrillo/ser/más/DET/fuerte/como/ART/adobe

528. Él es más alto que yo.
angézé ngeje mø na ndøø nzi nuzgó
3PRON/ser/más/DET/alto/como/1PRON

Él es más alto que tu hijo.
angézé ngeje mø na ndøø nzi i-chʔii-ge
3PRON/ser/más/DET/alto/como/2POS-hijo-2ENF

529. Él es tan alto como yo.
angézé ngeje na ta-ndøø nzi-zgo
3PRON/ser/DET/AUM-alto/como-1PRON

Él es tan alto como tu hijo.
angézé ngeje na ta-ndøø nzi i-chʔii-ge
3PRON/ser/DET/AUM-alto/como/2POS-hijo-2ENF

530. Él vino antes que yo.
angézé otʔʉ o-ɛjɛ fe nuzgó
3PRON/adelante/3PRET-venir/que/1PRON

Él vino antes que tu hijo.
angézé otʔʉ o-ɛjɛ fe i-chʔii-ge
3PRON/adelante/3PRET-venir/que/2POS-hijo-2ENF

531. Él vino más tarde que yo.
angézé o-ɛjɛ mø ya nžøø fe nuzgó
3PRON/3PRET-venir/más/ya/tarde/que/1PRON

Él vino más tarde que tu hijo.
angézé o-ɛjɛ mø ya nžøø fe i-chʔii-ge
3PRON/3PRET-venir/más/ya/tarde/que/2POS-hijo-2ENF

532. Él es menos rápido que yo.
angézé ngeje dya na niji nzi nuzgó
3PRON/ser/NEG/DET/rápido/como/1PRON

Él es menos rápido que tu hijo.
angézé ngeje dya na niji nzi i-chʔii-ge
3PRON/ser/NEG/DET/rápido/como/2POS-hijo-2ENF

533. Él trabaja tan bien como yo.
angézé pɛfi na joo nzi nuzgó
3PRON/trabajar/DET/bien/como/1PRON

Él trabaja tan bien como tu hijo.
angézé pɛfi na joo nzi i-chʔii-ge
3PRON/trabajar/DET/bien/como/2POS-hijo-2ENF

534. Voy a comprar todas esas gallinas blancas.
ra-maa ra-tomʉ texi-jí ngejeyo yo sungɔñi na tɔxʉ
1FUT-ir/1FUT-comprar/todo-PL/DEM PL/ART PL/gallina/DET/blanco

535. Algunos de esos niños están enfermos.
yo dyaja kʔo ngejeyo tʔii bʉbʉ-jí jñeñe-jí
ART PL/algunos/de/DEM PL/niño/estar-PL/enfermo-PL

536. Todos esos niños están enfermos.
texi-jí ngejeyo tʔii bʉbʉ-jí jñeñe-jí
todo-PL/DEM PL/niño/estar-PL/enfermo-PL

537. Ninguno de esos niños está enfermo.
kjorinaja kʔo ngejeyo tʔii bʉbʉ jñeñe
ninguno/de/DEM PL/niño/estar/enfermo

538. Cada uno de estos niños comió un dulce.
nzina kʔo ngeyo tʔii o-zaa naja tʔofʉ
cada uno/de/DEM PL/niño/3PRET-comer/uno/dulce

539. Cualquiera de estos niños te llamará.
kjorinaja kʔo ngeyo tʔii ra-zukʔʉ-tsʉ
cualquiera/de/DEM PL/niño/3FUT-llamar-2OBJ

540. Muchos de estos niños están enfermos.
na punkjʉ kʔo ngeyo tʔii bʉbʉ-jí jñeñe-jí
DET/mucho/de/DEM PL/niño/estar-PL/enfermo-PL

541. Pocos de estos niños están enfermos.
dya punkjʉ kʔo ngeyo tʔii bʉbʉ-jí jñeñe-jí
NEG/mucho/de/DEM PL/niño/estar-PL/enfermo-PL

542. Bastantes niños están enfermos.
na kjuarʉ-jí tʔii bʉbʉ-jí jñeñe-jí
DET/bastante-PL/niño/estar-PL/enfermo-PL

543. Vendí algunos sarapes.
ro-pɔɔ yo tyaja ndaxidyo
1PRET-vender/ART PL/alguno/sarape

Vendí pocos sarapes.
ro-pɔɔ yo tsʔʉka ndaxidyo
1PRET-vender/ART PL/poco/sarape

Vendí muchos sarapes.
ro-pɔɔ yo na punkjʉ ndaxidyo
1PRET-vender/ART PL/DET/mucho/sarape

Vendí bastantes sarapes.
ro-pɔɔ na kjuarʉ yo ndasidyo
1PRET-vender/DET/bastante/ART PL/sarape

544. Comió demasiado de esta comida.
o-zii na punkjʉ ngenu nu jñonʉ
3PRET-comer/DET/mucho/DEM/ART/comida

545. Comió demasiados chiles.
o-zii na punkjʉ yo ii
3PRET-comer/DET/mucho/ART PL/chile

546. Números en mazahua (yo peže jñatjo).

uno	naja	doce	dyɛchʔa yeje
dos	ye, yeje	trece	dyɛchʔa jñii
tres	jñii	catorce	dyɛchʔa nziojo
cuatro	nzio, nziojo	quince	dyɛchʔa tsichʔa
cinco	tsichʔa, kichʔa	dieciséis	dyɛchʔa ñanto
seis	ñanto	diecisiete	dyɛchʔa yencho
siete	yencho	dieciocho	dyɛchʔa jñincho
ocho	jñincho	diecinueve	dyɛchʔa nzincho
nueve	nzincho	veinte	dyote
diez	dyɛchʔa	veintiuno	dyote naja
once	dyɛchʔa naja	veintidós	dyote yeje

547. Tengo un caballo.
ri-ñʔeje naja fadʔʉ
1PRES-tener/uno/caballo

548. Tengo dos bueyes negros.
ri-ñʔeje yeje nžʉnʉ na potjʉ
1PRES-tener/dos/buey/DET/negro

549. Fui a tu casa una vez.
ro-maa kʔa i-nzumʉ-ge naja paa
1PRET-ir/en/2POS-casa-2ENF/uno/día

Fui a su casa (de usted) dos veces.
ro-maa kʔa i-nzumʉ yeje paa
1PRET-ir/en/2POS-casa/dos/día

Fui a su casa (de usted) tres veces.
ro-maa kʔa i-nzumʉ jñii paa
1PRET-ir/en/2POS-casa/tres/día

550. Los hombres salieron de la casa uno por uno.
yo bεzo o-mbedye-jí kʔa nu ngumʉ naja po naja
ART PL/hombre/3PRET-salir-PL/en/ART/casa/uno/por/uno

Los hombres salieron de la casa de dos en dos.
yo bεzo o-mbedye-jí kʔa nu ngumʉ yeje kʔo yeje
ART PL/hombre/3PRET-salir-PL/en/ART/casa/dos/de/dos

Los hombres salieron de la casa de tres en tres.
yo bεzo o-mbedye-jí kʔa nu ngumʉ jñii kʔo jñii
ART PL/hombre/3PRET-salir-PL/en/ART/casa/tres/de/tres

551. ¡Agarren una piedra cada uno!
peenchʔi-jí naja ndojo nzi naja
agarrar-PL/uno/piedra/cada/uno

552. ¡Hagan una señal cada dos árboles!
tsaa-jí naja ngrusi nzina yeje yo zaa
hacer-PL/uno/cruz/cada/dos/ART PL/árbol

553. Andrés se fue para que no lo vieras.
e andré o-maa pa dya ri-ñandʉ-ge
ART REV/Andrés/3PRET-ir/para/NEG/2FUT-ver-2ENF

554. Andrés vino para que lo vieras.
e andré o-ɛjɛ pa ri-ñandʉ-ge
ART REV/Andrés/3PRET-venir/para/2FUT-ver-2ENF

555. Compré la carreta para llevar la leña.
ro-tomʉ nu karreta pa ra-tusu zaa
1PRET-comprar/ART/carreta/para/1FUT-llevar/leña

556. Compré la carreta para que lleves la leña.
ro-tomʉ nu karreta pa ri-tusu zaa
1PRET-comprar/ART/carreta/para/2FUT-llevar/leña

557. Voy a ir aunque está lloviendo.
ra-maa manke sø-dyebʔe-tjo
1FUT-ir/aunque/llegar-lluvia-COMPL

558. Voy a ir aunque llueva.
ra-maa manke sø-dyebʔe
1FUT-ir/aunque/llegar-lluvia

559. Si vas a ir apúrate.
numʉ ri-maa tsjaandumʉ
cuando/2FUT-ir/apurar

560. Si lo veo le pido el machete.
numʉ ra-jøndʉ ra-ojtʉ nu pone-tʔedyi
cuando/1FUT-ver/1FUT-pedir/ART/curvo-cuchillo

561. Si lo viera le pediría el machete.
numʉ ra-jñandʉ mi-ojtʉ nu pone-tʔedyi
cuando/1FUT-ver/1IMPERF-pedir/ART/curvo-cuchillo

562. Si lo hubiera visto le habría pedido el machete.
numʉ ro-jøndʉ-tjo-go mi-ojtʉ-tjo-go nu pone-tʔedyi
cuando/1PRET-ver-COMPL-1ENF/1IMPERF-pedir-COMPL-1ENF/ART/
curvo-cuchillo

563. Me voy porque no estoy trabajando.
ra-maa-go ponangeje dya ri-pɛfi-tjo
1FUT-ir-1ENF/porque/NEG/1PRES-trabajar-COMPL

564. No va solo porque tiene miedo.
dya paa-ze ponangeje na suu
NEG/ir-solo/porque/DET/miedo

565. Andrés estaba durmiendo cuando llegaste.
e andré mi-i̧ji̧ numʉ i-søjø-ge
ART REV/Andrés/3IMPERF-dormir/cuando/2PRET-llegar-2ENF

566. Andrés estuvo durmiendo hasta que llegaste.
e andré o-bʉbʉ i̧-tjo kja numʉ i-søjø-ge
ART REV/Andrés/3PRET-estar/dormir-COMPL/apenas/cuando/2PRET-llegar-2ENF

567. Andrés estuvo durmiendo desde que llegaste.
e andré o-bʉbʉ i̧-tjo ndeze numʉ i-søjø-ge
ART REV/Andrés/3PRET-estar/dormir-COMPL/desde/cuando/2PRET-llegar-2ENF

568. Andrés estuvo dormido antes de que llegaras.
e andré o-bʉbʉ i̧-tjo numʉ dya-bʔe mi-søjø-ge
ART REV/Andrés/3PRET-estar/dormir-COMPL/cuando/NEG-todavía/2IMPERF-llegar-2ENF

569. Andrés va a dormir cuando llegues.
e andré ra-i̧ji̧ numʉ ri-søjø-ge
ART REV/Andrés/3FUT-dormir/cuando/2FUT-llegar-2ENF

570. Andrés va a dormir hasta que llegues. (Después se va a levantar.)
e andré ra-i̧ji̧ kja numʉ ri-søjø-ge
ART REV/Andrés/3FUT-dormir/hasta/cuando/2FUT-llegar-2ENF

571. Andrés va a dormir apenas llegues. (Hasta ese momento va a estar levantado.)
e andré ra-i̧ji̧ kjangeje mʉ ri-søjø-ge
ART REV/Andrés/3FUT-dormir/apenas/cuando/2FUT-llegar-2ENF

572. No me molestes cuando estoy comiendo.
dya ri-zohkʉ-zʉ numʉ ri-ñon-tjo
NEG/2FUT-molestar-1OBJ/cuando/1PRES-comer-COMPL

573. No me molestes cuando como.
dya ri-zohkʉ-zʉ numʉ ri-ñon-tjo
NEG/2FUT-molestar-1OBJ/cuando/1PRES-comer-COMPL

574. Si quieren irse que se vayan.
numʉ nee-jí ra-ma-jí tsi-ma-jí
cuando/querer-PL/3FUT-ir-PL/REV irónico-ir-PL

575. Miguel va a sembrar calabaza y yo también.
e miye ra-maa ra-ndumʉ muu ñe nzikja-zgo
ART REV/Miguel/3FUT-ir/3FUT-sembrar/calabaza/y/como-1PRON

576. Miguel va a sembrar calabaza pero yo no.
e miye ra-maa ra-ndumʉ muu ñe nuzgó io
ART REV/Miguel/3FUT-ir/3FUT-sembrar/calabaza/y/1PRON/no

577. Miguel no va a sembrar, pero yo sí.
e miye dya ra-maa ra-ndumʉ ñe ja̜a̜ nuzgó
ART REV/Miguel/NEG/3FUT-ir/3FUT-sembrar/y/sí/1PRON

578. No quiero nada de eso.
dya ri-nee kjorinaja kjo ngejenu
NEG/1PRES-querer/nada/de/DEM

579. ¿Quieres algo de esto?
ri-nee dyaja kjo ngenu
2FUT-querer/algo/de/DEM

580. No puedo caminar solo.
dya ri-sɔo ra-nžodʔʉ-ze
NEG/1PRES-poder/1FUT-caminar-solo

581. Ya sólo puedo trabajar en la mañana.
ya ngex-tjo ri-sɔɔ ra-pɛfi kʔa nu xo̜rʉ
ya/sólo-COMPL/1PRES-poder/1FUT-trabajar/en/ART/mañana

582. Ya mero voy.
ya mero ra-maa
ya/mero/1FUT-ir

583. Ahora es tarde para ir a trabajar.
nudya ngeje ya na nžøø pa ra-maa ra-pɛfi
ahora/ser/ya/DET/tarde/para/3FUT-ir/3FUT-trabajar

Ahora es temprano para ir a trabajar.
nudya ngeje na xo̜rtjo pa ra-maa ra-pɛfi
ahora/ser/DET/temprano/para/3FUT-ir/3FUT-trabajar

584. Esta hierba es buena para comer.
ngenu fiño ngeje na joo pa ra-zii
DEM/hierba/ser/DET/bueno/para/3FUT-comer

585. Esta hierba es buena para esa enfermedad.
ngenu fiño ngeje na joo pa ngejenu jñeñe
DEM/hierba/ser/DET/bueno/para/DEM/enfermedad

Esta hierba es mala para esa enfermedad.
ngenu fiño ngeje na sʔoo pa ngejenu jñeñe
DEM/hierba/ser/DET/malo/para/DEM/enfermedad

586. Miguel es rápido para caminar.
e miye ngeje na niji pa ra-nžodʔʉ
ART REV/Miguel/ser/DET/rápido/para/3FUT-caminar

587. Esta tierra es demasiado dura para sembrar.
ngenu jɔmʉ ngeje na ta-mee pa ra-ndumʉ
DEM/tierra/ser/DET/AUM-duro/para/3FUT-sembrar

588. Ahora es raro ver venados en el monte.
nudya dya ka-sɔɔ ra-jñøndʔʉ yo fantʔeje kʔa nu tʔeje
ahora/NEG/?-poder/3FUT-ver/ART PL/venado/en/ART/monte

589. Ese caballo es difícil de amansar.
ngenu fadʔʉ ngeje na zɛži ra-xompʉ
DEM/caballo/ser/DET/difícil/3FUT-amansar

590. ¡Ojalá venga pronto!
ra-nee kjimi ra-ę̨ję̨ ndametjo
3FUT-querer/Dios/3FUT-venir/pronto

591. Puede que venga pronto.
pongeje ra-ę̨ję̨ ndametjo
es posible/3FUT-venir/pronto

592. (Quiero un kilo de…) No, deme menos.
(ri-nee naja kilo kʔo…) io dyakʉ tsʔʉkja-tjo
1PRES-querer/uno/kilo/de/no/dar/poco-COMPL

593. ¿Quiere mucho?
i-nee na punkjʉ
2PRES-querer/DET/mucho

594. No, deme poco.
io dyakʉ tsʔʉkja
no/dar/poco

LÉXICO

abajo	andʉbʉ
abanicar	-
abeja	kolomena
abrir	ra xokʉ
acabar	ra texe, cheze, ndeze
acocil	mobʔʉ
aconsejar	ra ʉtʉ
acostarse	ra obʉ, dyobʉ
adivino	jñechʔe, mbokjimi
adobe	ñijɔmʉ
afilar	ra jogʉ
aflojar	ra xøkø
agrio	na ixi
agua	ndéjé
aguacate	sʔonʉ
aguardiente	pare
águila	xʉnʉ
aguja	dyefadʔʉ
agujerear	ra chokʉ
ahora	nudya
ahuehuete (sabino)	-
aire	ndømʉ

ajolote	zʉkuabʔʉ
ala	juaja
alacrán	alakra
alegre	møhø, tojya, ndojya, nʔojya
alfiler	-
algodón	algodó
almeja	-
altar	-
allí	anunú
amargo	na khǫǫ
amarillo	na kʔaxtʔʉ
amate	jɛbi
amigo	ñobʔe
amontonar	ra pejñe jmurʉ
ampolla	bixiya
ancho	na mbøtø
anillo	anilió
animal	dyatee (no gente)
anona	-
anteayer	minginžøø
antorcha	-
anzuelo	kʔusjmǫ
año	kjɛɛ, tsɛɛ
apagar	ra juɛchʔe
aplastar	ra ʔbeʔnchʔe
apretar	ra nžʉntʔʉ
apurarse	ra xødø
aquel	ngejenunu
aquí	anuba
arado	tʔofʉ
araña	mexe
arar	ra guamʉ
árbol	zaa
arbusto	dyeza
arco (y flecha)	arko
arco iris	besʉbʉ
arder (lumbre)	ra zørø
ardilla	miñi

arena	dyonxomʉ
armadillo	tsʔinkjua
arriba	axoñi
arriera (hormiga)	xønkjʉ
asar	ra jøxʉ
atar (animal)	tjuntʔʉ
- - - (persona, paquete)	tuntʔu
atole	tʔeme
atravesar (una barranca)	ra dʔasʔu jñee
- - - (un árbol tirado)	ra nadʔʉ
- - - (trapo -como pañal a un niño-; montar un burro)	ra natʔu
aventador	tjøsibi
avergonzado	ʔpεsitseje
ayer	minžøø
azadón	asadó
babear	ra jøbø kʔiñi
bailar	ra neme
bajar	ra dʔagʉ
balsa	-
bambú	-
bañarse	ra xaja
barba	kʔʉdʉ, tsʔʉdʔʉ
barbacoa	tjongee
barco	-
barranca	jñee
barrer	ra paxʉ mbaxʉ
barriga	xefo
barro	mejɔmʉ (tierra dura)
basura	dyabʉ (lama, basura)
baúl	-
beber	ra sii, zii
bejuco	-
bendecir	ra nitsjimi
bilis	bʔiʔi
biznaga	-
blanco	na tʔɔxʉ
blando	na torʉ

boca	nee, chee
borracho	ti̜i̜
borrego	ndenchʉrʉ
bosque	mbootʔeje
brazo	madyɛɛ (mano larga)
brincar	ra dʔasʔʉ
brujo	jñechʔe
bueno	na joo
buey	nžʉnʉ
caballo	fadʔʉ
cabello (pelo)	ñixtʔi
cabeza	ñii
cacahuate	kakaba
cacao	-
cadera	dʔanzʔʉ
caerse	ra nʉgʉ
café (bebida)	kafe
- - - (color)	na poxʉ
cal	ñoonʉ
calabacita	tsímu
calabaza (grande)	tamu
- - - (de cualquier tamaño)	jomu
calcetín	-
caldo	jñonʉ
calentura	nu paa
caliente	paa
calzones	yo kʔʉxkʔua
cama	kama
camarón	kamarón
cambiar	ra pɔjtʔʉ
caminar	ra nžodʔʉ
camino	ñiji
camisa	pøjnø
camote	mbøøkʔuøø
campamento	-
cana	tʔɔxñii
canasta (con asa)	bosi
- - - (sin asa) (chiquihuite)	bʔeche

cangrejo	kangrejo
canoa	bʔʉʉ
cansado	zogʉ
cantar	ra tɔjɔ
cántaro	xønø
caña	dyee
caña de azúcar	dyee asuka
capaz	-
cara	jmii
caracol	karakol
carbón	tjeme, cheme
cárcel	fɔrʉ
carne	ngeʔe, nzeʔe
carrizo	xitji
carro	karro
casa	ngumʉ, nzumʉ
casabe (pan de yuca)	-
casarse	ra chjʉntʔʉ
cáscara	xii fruta
cazar	ra pejɛ, mbejɛ
cebolla	ndenxi
cedazo	bʔasʔʉ
cedro	sesʔonʉ
ceiba	-
cempasuchil	ndønxu
cenar	ra ñonʉ (comer)
ceniza	bozibi
cera	yoo
cerbatana	-
cerca [adv]	nabʔɛxtjo
cerca [n]	kjoro
cerdo	zakjua, kuchi, pʉjɔmʉ
cerillo	serio
cerrar	ra kotʔʉ, chotʔʉ, ngotʔʉ
cerro	tʔeje
cicatriz	mbeya
ciego	ngoro
cielo	ajɛnse

cien	na siento
cigarro	tʉnsʔʉ
cinco	tsʔichʔa
ciruela	siruela
claro	na jyasʉ
clavo	klabo
coa	zaa, mbala
cobija	tʔoxo
cobre	kobre
cocinar	kja ñonʉ
coco	-
codo	yʉdʔʉ
coger	ra penchʔi
cola	sʉjʉ
coladera (cedazo, sieve)	bʔasʔʉ
collar	tʔebe
comal	ndedye
comer	ra ñonʉ
comida	jñonʉ
cómo	jaba kja (¿cómo se hace?)
comprar	ra tomʉ, chomʉ, ndomʉ
con	ko
conejo	tsʔíkjua
contar (narrar)	ra ñaakʉ
contar (números)	ra peže, mbeže
contestar	ra tjʉrʉ, chʉrʉ, ndʉrʉ
conversar	ra ñaakɛ
copal	ngichonʉ
corazón	mʉbʔʉ
cortar	ra ojkʉ, dyokʉ
corteza	jøxʉ
corto	dya maja (no largo)
correcto	na joo
correr	ra nʔanguadyi
cosechar	ra xeefe
coser	ra tøbø, chøbø, ndøbø
coyote	miño
crecer	ra tee

creer	ra kjuanʉmamʉ
criar	ra xøndʉ
crudo	jñątjo
cuándo	jangua
cuánto	janzįį
cuarenta	cuarenta
cuates	nžotʔi
cuatro	nzio, nziojo
cucaracha	-
cuchara (de palo)	juañi zaa
- - - (de metal)	juañi ndobatʔezi
cuchillo	tʔɛdyi
cuello	dyizi
cuerda	tjʉmʉ
cuerno	monjʉnʉ
cuerpo	nzero
cuervo	kaa
cueva	tʔoo
cuidar	ra fɔrʉ
culebra	xixkalá
cuna	tʔoxʉ
curandero	mbokjimí, dyøte
chapulín	tʔʉnxʉ
chayote	xamu
chía	-
chicle	kʔapo, tsʔapo
chico	chʔingili
chicozapote	-
chiflar	ra jyʉxʉ
chilacayote	muu
- - - (la semilla)	ndɛmi
chile	i, ii
chinche	chinche
chirimoya	-
chivo	chibo
chocolate	ndɛkjʉ
chupar	ra sʉ̌tʔʉ
chupa rosa	tsʔitʔʉ

dar	ra unʉ, tʔʉnʉ
dardo	-
deber (dinero)	ra tuutuutjomʉ
deber (obligación)	ra debe
decir	ra mamʉ
dedo	ñidyɛ
dejar (en un lugar)	ra sogʉ, zogʉ
dejar (permitir)	ra jɛzi, jyɛzi
delgado	na xʉtʔʉ, dya nojo
derecha	jodyɛ
derecho	ndetjo
despacio	jmanchʔa
despertar	ra dyoo
despertarse	ra soo, zoo
desplumar	ra pʉgʉ, mbʉgʉ
después	-
destruir	ra rejuakʉ
día	paa
diablo	mbønte, dya jonte, mixkua
diente	sʔibʔi
diez	dyechʔa
dinero	merio
dios (inferior)	kjimi
- - - (Dios supremo)	tsʔitajɛnse
distribuir	ra jɛɛtse
dolor	na ʉʉ
dónde	jáje
dormir	ra i̜ji̜
dos	ye, jeje
dos veces	na yeje
- - - (por segunda vez)	ra yepe
- - - (dar doble)	ra jyøtø
dulce	tʔafʉ
duro	na mee
eclipse (de sol)	sʔa jyarʉ
- - - (de luna)	sʔa zana
echar (tierra)	ra jøsø jɔmʉ
- - - (tierra a una planta)	ra jøtø jɔmʉ

- - - (maíz a animales)	ra ʉbʉ ndɛ̌chjǫ
- - - (agua)	ra xitzi ndeje
ejote	mboxkʉ sʔʉnkjʉ (frijol tierno)
él	angeze
elote	muxa
ellos	angezejí
embotado	dya mbeñe (sin filo)
empezar	ra fʉrʉ, mbʉrʉ
empujar	ra tʉtʉ, chʉtʉ, ndʉtʉ
en	kʔa
enagua	kježe
encender	ra søjkø
encino	xizaa
encontrar	ra tɔtʔʉ, chɔtʔʉ
enemigos	ya dyøsoo
enfermo	jñeñe, sodyɛ
enseñar	ra įchí, tʔįži, įži
enterrar	ra ogʉ, dyogʉ
entrar	ra ngichʔi
enviar	ra mbeñe, ra maa
epazote	joxʉmʉ
epazote de perro	xʉmʉdyoʔo, mbøxʉmʉ
escalera	ndʔeže
escama	-
escarbar	ra obʉ, dyobʉ
escoba	baxʉ
escoger	ra juanʉ
esconder	ra ñʉgʉ
escopeta	zafʉ
escribir	ra ofʉ, dyofʉ
ese	ngejenu
espalda	xʉtʔʉ
espejo	jñee
espiga	ngitjo, ngii
espina	biʔdyi
espíritu	-
esposa	suu
espuma	fʉgʉ

este	ngenu
estrecho	na sʔiinchʔi, dyambʉtʔʉ
estrella	seeje
excremento	foojo
existir	ra bʉbʉ
exprimir	ra tebi, chebi, ndebi
faja	mbʉtʔʉ
ferrocarril	mákíná
fierro	ndoba tʔɛ̌zi
fiesta	mbaxkua
filoso	na mbeñe
flauta	tʔʉxkoro
flecha (arco y)	flecha
flor	ndøjnø
fluir	nʔanguadyi
forastero	nte ɛjenajee
frente	chęę
fresno	-
frijol	sʔʉnkjʉ
frío	na see
frotar	ra kosʉ, chosʉ, ngosʉ
fruto	-
fuego	sibí
fumar	ra sii tjʉnsʉ, zii tyʉsʉ
gallina	sungɔñi
garganta	dyizi
garra	ma xɔjɔ
garrapata	sʔago
gato	mixi
gente	ntee
golpear	ra ɛɛ, dyɛɛ
gordo	na nojo, napii, nokʉ
gorgojo	gorgojo
gota	pibi, mbibi
grande	na nojo
granizo	ngʉndo
grano (del cuerpo)	xøxʉ
grasa (manteca)	xebo, mandea

gritar	ra maafʉ
grueso	na piži, na nojo
guacamote (yuca)	-
guaje	ximo, guaje
guajolote	øjnø
guayaba	xiipɛdi
guerra	chų̜ų̜
gusano	dyoxʉ
gustar	ra nee
hablar	ra ñaa
hacer	ra tsjaa, kjaa
hacha	tʔɛzi
hamaca	nʔʉnsʉ
hambre	tjimi
harina	kʔʉnʉ
hay	kjaa
helarse	zʉri see
hembra	su-
hermana (de hombre)	kjuu
hermana (de mujer)	kjuu tsijuɛ
hermano (de hombre)	kjuarma
hermano (de mujer)	ndasę̜, ñinzømʉ
hervir	ra bønʉ
hielo	see
hierba	fiño
hígado	yaa
hija	chʔiijuɛ
hijo	chʔii
hilar	ra jɛɛnchʔe
hilo	ilo
hincharse	ra needye
hoja	xii
hollín (tizne)	botʔeme
hombre	bɛzo
hombro	jyojo
honda	tʔeñoo
hongo	kjojo
horcón	xoza

hormiga	xønkjʉ
horno	orno
hoy	nu padya
hoyo	tʔoʔo
huarache	tjiza
huérfano	jyoya
hueso	ndodye
huevo	muru
hule	ule
humo	bifi
iglesia	nitsjimi
iguana	-
intestino	xefo
ir	ra maa
isla	-
ixtle	kʔʉximi
izquierda	ngidyɛ
jabalí	-
jabón	xabo
jaguar	nda miño
jalar	ra kʔʉtʉ, tsʔʉtʉ, ngʉtʔʉ
jarro	xalo
jefe	ndamųų
jícara	xímo
jilote	ndønxʉ
jitomate	mbáre moxʉ
jorobado	jorobado
jugar	ra eñe
juntar (p. ej. leña)	ra peñe
- - - (flores; unificar y formar un grupo de individuos)	jmurʉ (*cf*. Xocotitlán: ngejmurʉ; según Sahagún ese sitio era un lugar de concentración)
labios	xiiñe
ladrar	ra føgø
lagartija	korga
lagarto (caimán)	-
lago	zaafʉ
lamer	ra jyosʉ

lana	xidyo
lanza	-
largo	na maja
lavar (cabeza)	ra jiichii jñi (ra jii, ra jiichi 'bautizar')
- - - (cara)	ra xiño
- - - (lana)	ra pechʔe
- - - (manos)	ra xiiñe
- - - (pelo)	ra jichiñii
- - - (piso)	ra mbechʔe
- - - (plato)	ra xiibi
- - - (ropa)	ra pedye, mbedye
leche	bʔaa
lechuza	toto
leer, estudiar, rezar	ra xɔrʉ
lejos	na jęę
lengua	kʔiñi, tsiiñi
lento	jmanchʔa
leña	zaa
levantar	ra pasʉ, mbasʉ
- - - (un grano)	ra jʉsʉ
levantarse	ra bobʉ
liebre	tʔɔxkjua
liendre	mbechʔo
limpio	dya poxʉ
liso	na jadʔʉ
lodo	mbejɔmʉ
luna	zanʉ, tsʔinana
llaga	-
llama	bobʉ sibí
llano	batjʉ
llegar	ra søtø, zøtø
llenar	ra nichi, niži
lleno	nichi, niži
llorar	ra guɛɛ, bɛɛ
lluvia	dyebe
machete	pone tʔɛdyi
madera	zaa
madre	nʉté

maduro	ra ndøø
maguey	uarʉ
maíz	ndee chʔǫ
malacate	tjenchʔe
malo	na sʔoo
mamá	nʉʉ
mamar	ra sibʔa
mamey	-
mango (de herramienta)	nguaʔa
mano	dyɛɛ
mañana [adv]	xɔrʉ
mañana [sust]	ne xɔrʉ
mapache	-
mar	mar
marido	xira
marihuana	mariuana
mariposa	sjefe
martillo	martiyo
más	mø
masa	kjʉnʉ
máscara	jmicha
matar	ra pɔtʔʉ, mbɔtʔʉ
mazacuate (boa)	masa
mazorca	tjǫǫ, chjǫǫ
mecapal	mekapá
medir	ra ɛdyi, dyedyi
mejilla	mbøjmi
mentón	saane
mercado	chomʉ (*cf.* comprar)
mes	zanʉ
mesa	mexa
metate	kjʉʉnʉ
meter	ra footʉ
metlapil (mano de metate)	dyii (mano)
mezcal	meská
mezquite	-
miel	tʔafʉ
milpa	juømʉ

moco	boxʉ
moho	ya dyáa (está podrido)
mojado	mbofʉ
mojarse	ra pofʉ, mbofʉ
molcajete	mara
moler	ra kʉnʉ, tsʉnʉ, ngʉnʉ
molleja	mexcuru
mono	-
morder	ra saa, zaa
morir	ra tųų, chųų, ndųų
morral	mape
mosca	gíbe
mosquito	mooro
mostrar	ra inchi, intsi
mucho	yo na punkjʉ
muela	ndʉsafʉ
muerto	añima
mujer	bɛjña
muñeca (wrist)	-
murciélago	ngɔxomʉ
nacer	ra jmuuʔsu (*cf.* muʔsu dar a luz -persona-)
- - - (animales que tienen un solo hijo, eg. caballo, vaca, burro)	ra mimi
- - - (animales que tienen muchos hijos, eg. puerca, perra, gato)	ra ngʉrʉ
nadar	ra kjuantʔʉ
nalgas	yo tʔʉnʉ
naranja	ixi
nariz	xiñu
neblina	mbøngumʉ
negro	na potjʉ
nido	mʔaafʉ
nieto	bʔejche
nieve	xiitsi
nigua	-
niña	xutʔi
niño	tʔii
nixtamal	soonʉ

no (para frases y oraciones)	dya, jydya
- - -	ío
noche	xomʉ
	ndexomʉ (media noche)
nombre	tjųų, chjųų
nopal	xąntʔʉ
norte	andʉʉbʉ (lit. abajo; se usaba para ir a San Juan de los Lagos, que está al norte, pero al mismo tiempo abajo. También se emplea para la frontera con EEUU, en el caso de los vendedores ambulantes, pero no la utilizan los que emigran, los cuales utilizan el préstamo "norte".)
nosotros	

	Singular	Dual	Plural
1 persona	nuzgó	nuzgó-bʔé	nuzgó-mé
		nuzgó-bí	nuzgó-jí

nube	ngomʉ
nuca	jyʉkʉ
nudo	nudo
nueve	nzincho
nuevo	dʔadyo
ñame	-
occidente	kjakibijyarʉ (por donde entra el sol)
ocelote, jaguar	ndømiño (coyote grande)
ocote	tiži
ocho	jñinchʔo
oír	ra ørø, dyørø
ojo	ndɔɔ,
- - -	chɔɔ (se utiliza con el posesivo)
oler	ra yʉdʉ
olote	ñechʔo
olla	sʔøbʔø
ombligo	sʔonʉ (también significa aguacate)
once	dyɛchʔa naja
oreja	ngɔɔ (también significa asa *-eg*. de jarro o canasta)
órgano	órgano

oriente	kjapesejyarʉ
orilla	añʉnʉ
orinar (hombre)	ra pii
orinar (mujer)	ra tsʔibi
oro	-
oscuro	na mbexomʉ
otra vez	yepe
otro	dyaja
padre	jyoté (el que dirige o manda en la comunidad, la familia, asociación religiosa, etc.; es el que pronuncia discursos, el que habla)
pagar	ra kjǫtʔʉ, tsǫtʔʉ, ngǫtʔʉ
pájaro	tsʔinsʉ
palma	tjimi (sirve para hacer aventadores; también se usa la palabra tjimi para la palma de donde se saca la cucharilla que se usaba para hacer decoraciones en las fiestas (29 de junio y 12 de diciembre); la iban a traer de Michoacán, pero desde 1995, aproximadamente, dejó de ir la gente a buscarla porque se hacían cinco días de ida y vuelta)
pan	tjomɛchʔi (tjǫjǫ 'hornear'; hmę palabra otomí para 'tortilla')
pantano	mboré, mborejé (mbó 'adentro', es decir, recipiente, re viene de ndaré, ndareje 'agua')
panteón	kja nu panteó
papa	dʔokʔa (esta palabra se usa para denominar a una papita roja silvestre; también se usa para nombrar la papa que venden en los mercados, las ancianas denominan a esta última dʔokʔa tránjero)
papá	jyoo
papel	jɛʔbi (en otras regiones se usa skuama o xixcuama)
par (*eg*. dos personas que van juntas, dos bueyes uncidos)	jyøtø

parado	bobʉtjo
parar	ra bobʉ
pared	ra kjogʉ, tsogʉ
parir	ra mimi (dar a luz los animales, pero también significa 'idear' en broma)
párpado	mbøndɔɔ
pasado mañana	ra chų̨ų̨ ra xǫrʉ
pasar	ra kjogʉ, tsjogʉ
pato	mbaru (en otras partes le dicen ťizi)
patrón	ndajmų̨ų̨ (antes significaba 'señor')
pecado	tuu pena
pedernal	mboxkuabʉ (obsidiana)
pedir	ra orʉ, dyorʉ
peine	dyese (antes se usaban peines hechos con la piña del ocote que después de golpearla quedaba como cepillito)
pelear (cualquier pleito)	ra chjømʉ
	ra chų̨ų̨ (guerrear)
pelo	ñixtʔi
pensar	ra kjenchi, tsinchí, nginchi
peña	dyøjø
permanecer	-
perro	dyoʔo
pesado	na jyʉʉtjo
pescar	ra pejmǫ
petate	xįmfi
peyote	-
pez	jmǫǫ
pie	ngua, kjuaa
piedra	ndojo
piel	xifadʔʉ
pierna	chaangi
pinole	kjʉntʔeme
piojo	piña
pizcar (cosechar maíz)	ra xefe
plantar (una planta o encajar algo en la tierra)	ra enchʔe, nʔenchʔe
plata	tʔɔxʉ (blanco; se usa la palabra para los "milagros" que se le prometen a un santo)

plátano	ndønsa
plato	mojmʉ
pleito	chomʉ
pluma	xiiøjnø
pobre	na juɛme
poco	tsʔʉka, chʔingili, dyakjuarʉ
poder	ra sɔɔ
podrir	ra dyaa
	ngejenu ya dyáa (eso está podrido)
polvo, polvareda	fonxijɔmʉ
pollo	ngɔñi
poniente	kja kibʔi jyarʉ (donde se pone el sol)
preguntar	ra onʉ, dyonʉ
primero	na naja (el primero)
	nuzgó ra otʔʉ (yo primero)
pueblo	jñiñi
puente	dyadʔu
pulga	ɔɔ
pulmón	púlmo
pulque	sjémé
puma	-
puño	púnte
pus	ngidyɛ
qué	fe
quelite	kʔanʉ, tsʔanʉ (genéricos)
quemar	ra ndɛʔɛ
querer	ra nee
quién	kjongeje
quijada	bʔáxne
quince	dyɛchʔatsichʔa (diez más cinco)
quitar	ra jñųmbʉ
raíz	dyʉʉ
rajar	ra jɛtsʔe
rama	dyɛza (mano de árbol)
rana	kʔʉxuɛ
rápido	ra niji, ndametjo
rata, ratón	ngǫǫ (genérico)
ratón	tsʔingǫǫ

rayo	jɛɛbʔi, juɛbʔi
recto (derecho)	ndetjo
red	tʔosʉ
redondo	na xiinchʔi
reír	ra tjɛñe
relámpago	ra juɛñi
remedio (medicamento)	jñęęchʔe
	dya ka kjaa jñęęchʔe (ya no tiene remedio)
remo	-
reunirse	ra peñe
reventar (lazo)	ra kʔʉkʉ
- - - (llanta, globo)	ra xʉgʉ
revolver (atole con canela y piloncillo, masa con harina de trigo, salsa con charales, etc.)	ra chjønʉ
rezar, leer	ra xɔrʉ
rico	jų merio (trae dinero)
	pɛsʔi merio (tiene dinero)
	jų mejchʔi (trae dinero en billetes)
rico (sabroso)	na kimi
	ɛɛncho na kími (delicioso)
río	ndáre, ndáreje
robar	ra ʉʉgʉ, ñʔʉgʉ
rociar (agua)	ra xisin deje
- - -	ra xiisi
rocío (de la mañana)	xaa (*cf.* bañar, bañarse)
rodilla	ñijmo
rojo	mbaja
romper (quebrar, p. ej. jarros)	ra chejme
- - - (rasgar)	ra xʉkʉ, kʉkʉ
- - - (reventar)	ra tsʔʉkʉ, kʔʉdʉ
ropa	bíhtu
rozar	ra jakʉ (acariciar)
rozarse (niños)	ra nguaxkʔʉ (se quita con una hierbita llamada xuu que hace las veces de talco)
saber (p. ej. saber leer)	ra fejchí
- - - (tener conocimientos profundos)	ra pøru, mbørʉ
sabino	-

sabroso	na kimi
	ɛɛncho na kími (delicioso)
sacerdote (mazahua)	mbɔkjiimi (sacerdote, curandero; la misma palabra se aplica a los sacerdotes católicos, algún abogado u otra persona con muchos conocimientos)
	mbøjñechʔe
sacudir (p. ej. un árbol)	ra juøntʔʉ (se puede referir a un temblor de tierra)
- - - (una hierba para quitarle la tierra o una toalla mojada)	ra juøngʉ
sal	ǫǫ
salir	ra pedye
saliva	kjiñi
sangre	kjii, tsjii
sapo	sapo
seco	na dyodʉ
seis	ñanto
semana	ngoo
sembrar	ra tumʉ, chumʉ, ndumʉ
semilla	ndeechjǫǫ
senos	yo xiba
	yo timi (pecho)
sentarse	ra jųrʉ, jñųrʉ
sepulcro	tʔoʔo (agujero)
sesos	mbeñʉkʔʉ
sí	ją
si	numʉ (cuando);
	numʉ ra zøø dyebe dya ra maa
	'si llueve, no voy'
siete	yencho
silla	tjʉjnʉ
sobaco	kaxkulu
sobar	ra kjuønxʉ
sol	jiarʉ
sombrero	tjʉnsʔʉ
sonaja	ximo
soplar	ra juifi

sordo	ngogo
suave	na torʉ
subir	ra tese, chese, ndese
sucio	na poxʉ
sudar	ra xonde
sueño	na tj̨į
sufrir	ra sejchi
sur	jñimpa (tierra caliente)
tabaco	tábako
tamal	tjɛže
tambor	támbo
tarde	nžøø
tecolote	túxkulu
techo	ndeenzumʉ
tejer	ra pee, mbee
tejolote	tsʔoontʔi (mano del molcajete)
tela	tela
telar (de cintura)	bʔeʔe
temascal	mbiinzøø
temblar (persona)	ra juøkʉ
- - - (tierra)	yʉnʉ xoñijɔmu (mueve mundo, tierra)
temblor	yʉnʉ xoñijɔmu
temer	ra sųų
templo	ñii-ntsjimí (camino-Dios)
tenamaztle (tres piedras del fogón)	jñu mʉ
tenate, tanate	-
tener (tener hijos, tener animales)	ra ñʔeje
- - - (tener dinero, tener cosas)	ra pɛsʔi
tentar	ra todʔʉ, chʔodʔʉ, ndodʔʉ
teñir	ra kąntʔʉ tsiji (echar pintura)
tienda	ndenda
tierno	na mboxkʉ
tierra	jɔmʉ
tijeras	ñʔaxʉ
tlacuache	ndozʉ (cola pelada)
tocar (el tambor)	ra tʉntʔʉ, chʉntʔʉ, ndʉntʔʉ
- - - (el violín)	ra febʔi
- - - (la flauta)	ra jʉxtʔʉ

- - - (un bote, la campana)	ra zʉntʔʉ
todo	texi
todos	texiji
torcer (p. ej. un pie)	ra moontʔʉ
- - - (torcer el hilo o el ixtle)	ra kʉnsʉ
tortilla	xɛdyi
	xɛdyi ndexʉ 'tortilla de'
tortuga	tortuga (no hay en la región)
tos	tjeje
toser	ra jeje
tostar	ra uenchʔe
trabajar	ra pɛfi, mbɛfi
trabajo	mbɛfi
tragar	ra jʔʉtʔʉ, tsʔʉtʔʉ
trampa	ra trampa
tranquilo	dyamʔantjo, namintjo
trementina (sabia del ocote)	mbejpootiži
tres	jñii
trigo	jorexʉ
tripa	xefo
triste	dyatojya, dyandojya
	dyamøjø (tristeza profunda que invade el corazón)
troje	tʔʉmʉ
tronco	ndʉn-za (tjʉnø 'cola', za 'palo')
trueno (de cohetes o de lluvia)	tʉdʔʉ
tú	nutskʔe
tuétano	tútano
tumor	-
tuna	kiñi
tusa	sʉbʉ
último	-
uno	na, naja
uña	xɔjɔ
ustedes	nutskʔeji
vaca	bága
vaciar	ra fogʉ, mbogʉ
vacío	fe ri poo (no tiene nada)

valiente	nata kuɛɛ (gran coraje)
	dya-sʉʉ (no tiene miedo)
vapor	fʉxpa
veinte	dyojte
vejiga	bíxíya
vela	yoo
vena	nʔi-tsji (camino de la sangre)
- - - (arteria)	ta nʔitsi (vena grande)
- - - (vasos capilares)	tsi nʔitsi
venado	fantʔe, fantʔeje
vender	ra pɔɔ, mbɔɔ
venir	ra ɛjɛ, ñɛjɛ
ver	ra nuu, ñuu
verde	na kjisiʔ
verruga	-
vestirse	ra jeʔe, jyeʔe
vieja	ndana
viejo	chaa
viento	ndømʉ
vida	zakʉ
viga	dyaxu (jyaxʉ 'labrar la viga')
viruela	joxaxʉ
vivo (listo)	bibo
volar	ra maasogʉ
vomitar	ra dyojo
voz	ñaa
yerno	bʔeñe
yo	nuzgo
zanate	mbenchʔojɔmʉ (tordo)
zapote	muza
zopilote	ndoparʉ
zorrillo	øjmʉ
zorro	jømiño

Mazahua de San Pedro el Alto,
Temascalcingo, Estado de México
se terminó de imprimir en octubre de 2011
en los talleres de Solar, Servicios Editoriales, S.A. de C.V.
Calle 2 núm. 21, San Pedro de los Pinos, 03800 México, D.F.
Portada de Ezequiel de la Rosa Mosco.
Composición tipográfica: El Atril Tipográfico, S.A. de C.V.
Cuidó la edición la Dirección de Publicaciones de
El Colegio de México.

Made in United States
North Haven, CT
10 November 2026

22084225R00102